TTT5.0
培训师的大脑

基于脑科学的培训新技术

金才兵 —— 著

机械工业出版社
CHINA MACHINE PRESS

图书在版编目（CIP）数据

TTT5.0 培训师的大脑：基于脑科学的培训新技术 / 金才兵著． —北京：机械工业出版社，2020.5（2023.9 重印）

ISBN 978-7-111-65477-3

I. T… II. 金… III. 职业培训 IV. C975

中国版本图书馆 CIP 数据核字（2020）第 072058 号

　　TTT 技术自 20 世纪 90 年代进入中国培训市场，历经 20 多年的发展，几经迭代，已然进入 TTT5.0 阶段——大脑科学，重点训练培训师开发基于脑科学的培训新技术的能力。本书内容分为上下两篇，上篇是"善用脑科学，培训更有效"，下篇是"基于脑科学的多元智能培训新技术"。

TTT5.0 培训师的大脑：基于脑科学的培训新技术

| 出版发行：机械工业出版社（北京市西城区百万庄大街 22 号　邮政编码：100037） |
责任编辑：李晓敏	责任校对：李秋荣
印　　刷：固安县铭成印刷有限公司	版　　次：2023 年 9 月第 1 版第 4 次印刷
开　　本：170mm×240mm　1/16	印　　张：12.75
书　　号：ISBN 978-7-111-65477-3	定　　价：69.00 元

客服电话：(010) 88361066　68326294

版权所有·侵权必究
封底无防伪标均为盗版

推荐序一
培训行业呼唤硬核产品

《培训》杂志主编　朱伟正

在《培训》杂志的年会上，我提出了一个观点——培训行业有两类公司，一类是产品型公司，另一类是平台型公司。而平台型公司的平台上，也需要有众多的专业产品展现。近年来，培训行业经过20多年的发展，终于回归本质——创造优秀的培训产品。谁拥有优秀的培训产品，谁就能在市场上拥有一席之地。

然而，中国培训市场前期的野蛮生长，让众多培训公司习惯于代理一个优秀的国外产品，比如一门版权课程、一张稀缺性的认证证书等，而没有花时间和精力打磨自有品牌、自有版权的产品。

中国培训市场呼唤本土公司研发自己的硬核产品，而打磨硬核产品需要的是专注和匠心，需要耐得住寂寞。铭师坊创始人金才兵撰写的这本《TTT5.0培训师的大脑》可谓进行了宝贵的探索。"TTT⊖技术"并非陌生的概念，但是铭师坊凭一家公司之力将TTT技术迭代到5.0阶段，可谓既揽得了活儿，又耐得住寂寞。

智能学习和大脑科学的发展本身就处在探索阶段，如何将这些研究成果跟成人的学习合理地结合起来，是一个难题。本书巧妙地结合行为层面和分子层面的新近成果，提出了很多新的观点，相信读者阅读之后会大受启发。比如，在"大脑的奖赏机制"这一章，作者首先从经典的斯金纳鸽子实验导入动物和人行为层面的共性，即动物和人的行为是可以被强化激

⊖ TTT，全称为training the trainer to train，培训培训师。

励的,不管是积极强化还是消极强化;接着,从分子层面提出大脑奖赏机制里的"五大金刚"及其作用,"五大金刚"包括多巴胺、安多芬、催产素、血清素、皮质醇;最后,给出了培训师在课堂上选择奖惩规则的建议。尤其难得的是,作者没有大谈理论,没有使用深奥晦涩的专业术语,而是非常用心地运用交互式写作方法,让读者在阅读的过程中仿佛身处课堂和老师对话,阅读体验极佳。

本书的视角非常多元。比如,讲到逻辑-数理智能时,作者从贝叶斯定理谈到爱因斯坦的光电效应方程式,从逻辑学的语言谈到商战中的实际案例;在讲到内省智能时,从意识楔谈到苏格拉底,从曼陀罗谈到特蕾莎。旁征博引的过程既开阔了读者的视野,防止偏听偏信,又让阅读过程充满乐趣,从而让读者充满好奇地继续探索大脑与学习的秘密。这样的例子在书中比比皆是,比如"寻找世界上最早的花""人为什么会服从""人怎样才有责任感""圣诞夜的激情之谜""刘邦为什么能够战胜项羽""一个王朝的谢幕"等,都让读者迫不及待地想揭开其中的奥秘。

打磨一个硬核产品,时间、能力、耐心、匠心等要素缺一不可。我期待市场上有更多公司像铭师坊一样探索如何打磨自有品牌、自有版权的产品,也期待本书在刚刚兴起的"脑友好"型培训的研究、探索和实践之路上,成为其中一块坚固的铺路石。

推荐序二
做TTT领域的探索者和先行者

铭师坊TTT研究院院长　陈敬

很荣幸为金老师的新书写推荐序，拿到书稿时，我既感慨又感动。感慨是因为深深知道写成一本书背后的不易，需要深夜不眠的深度思考和食不知味的苦苦思索；感动是因为当我翻开第一页时，就被海量的新颖观点和全新视角所吸引，欲罢不能。这是一本有着有趣灵魂的科学书，也是一本可以学习借鉴、拿来就用的工具书，更是一本可以引领培训行业从业人员反思教学实践和未来变革的专业书。为什么会有这样一本书呢？这要从五年前说起。

2015年一个偶然的机会，我参加了一位美国专家来中国举办的关于最新"脑科学"知识的分享会。半天的分享让我的内心受到极大的触动，我从事培训多年以来压在心里的谜团也被解开：

- 大脑是如何进行工作的？
- 为什么人与人之间的学习效能会有很大的差距？这与什么有关？
- 如果想提升大脑的效能，有哪些途径？
- 作为一名专业的培训师，我们可以做什么来帮助学员提升学习效能？
- 课堂上多样化教学活动的价值体现在哪里？什么样的活动是有效的？什么样的活动是无效的？

以往大部分培训类图书对这些问题只是给予了浅表化的建议，极少从深层给予原理性的解析，读起来通常会有如鲠在喉的感觉。而"脑科学"的出现，就像一场及时雨，帮助我们揭开"大脑"运作机制的神秘面纱，让我们对培训的接收方——大脑有了更多了解，由此，也开启了我们近五年的脑科学探索之路。

一个学科的研究过程注定是枯燥的，有时更是孤独和寂寞的。金老师的桌面堆满了大量的脑科学研究报告和文献，我也经常看到他凝视远方，深思良久。凭着孜孜以求的探索精神，金老师为我们送上了一本诚意满满且价值良多的专业著作。书中的每一项研究、每一个观点，读起来都让人有一种酣畅淋漓、妙趣横生、惊喜不断、欲罢不能的感觉。本书可以把复杂的问题讲得无比通透，而且让人记忆深刻。

上篇"善用脑科学，培训更有效"帮助我们分析了大脑的特性，通过解读大脑的喜好、顺应大脑的特质来设计和组织一系列学习活动。其中第一章让我们深切感受到"大脑中的化学物质——神经递质的力量"，启示我们在未来做教学设计时不要光想表面的氛围营造，而要从深层思考激发了学员哪些神经递质的产生，从而让学员更容易进入心流模式。第二章用"不要做房间里的大 BOSS"做隐喻，引发我们重新思考培训师在课堂中的角色、原则以及场域的打造，并明确提出"脑友好"型培训所秉承的原则和方式。第三章的内容让我们进一步了解自己大脑的爱好和厌恶，学会珍视大脑。

下篇"基于脑科学的多元智能培训新技术"围绕霍华德·加德纳的多元智能理论，从八大智能角度分别说明每项智能的特质和如何更高效地开启这项智能，提供了大量实用有趣的科学实验和练习活动，让我们能够边学边体验其中的精妙之处。

不同于一般脑科学书的晦涩难懂，本书始终站在培训者和学习者的角度，为读者展开一幅大脑的个性画卷，让读者对"大脑和学习"有更深刻的认知和体会！

金老师曾分享过"两专两前"的观点——因为专注所以专业，不只前沿更要前瞻。可能正是由于这种不断求索的专家精神，金老师用探索者和先行者的视角，用抽丝剥茧的学者精神和精于锤炼的匠心气质，给我们奉献了这样一本好书，让我们轻松拥抱脑科学，也为我们的培训课堂带来新一轮变革。

作为中国千千万万培训人员中的一员，我希望本书可以成为你的第一本关于"脑科学"的书，并从此为你开启一扇门，帮助你在"脑友好"型培训的研究与实践之路上收获更多珍贵的理念和思想！

序言
TTT 进化论

TTT 技术自 20 世纪 90 年代进入中国培训市场，历经 20 多年的发展，几经迭代，已然完成了几个阶段的进化。

- TTT1.0 阶段——手眼身法步，重点训练培训师在台上的肢体动作，让手、眼、身、口更加自然，更加协调，更加合一。
- TTT2.0 阶段——编、导、演，重点训练培训师在台上的语言表达技巧和内容呈现技巧。
- TTT3.0 阶段——课程开发和教学设计，重点训练培训师开发内容和设计教学活动的能力。
- TTT4.0 阶段——经验萃取，重点训练培训师萃取经验、隐性知识显性化和知识内生的能力。
- TTT5.0 阶段——大脑科学，重点训练培训师开发基于脑科学的培训新技术的能力。

TTT 技术每一次进化的动力，来源于两方面：一方面是需要不断地为客户解决新问题，客户从最初的普及阶段，到后来的以问题为导向，再到直面绩效难题，需要培训与业务高度相关，对培训的要求越来越高，倒逼培训行业不断迭代技术，不断寻找解决方案；另一方面是跨界跨行业的技术进步，推动培训行业的技术水涨船高，比如，行动学习、引导技术、教练技术的发展，促进了 TTT 技术的同步发展，在经验萃取的过程中常常会用到这些技术。近几年大脑科学和人工智能的蓬勃发展，也直接催生了TTT5.0技术的诞生。

生物界常常有一些令人叹为观止的现象。在南亚和东南亚的湿地丛林中生活着一种天堂树蛇，体长为1～1.2米。天堂树蛇会爬到高处的树枝上，它腹部的鳞片很硬，能够灵活地攀附树节等凸出部位。它先用尾巴钩住树枝，身体挺直，看上去很像字母"J"；接着猛地一弹，就从高高的树枝上跃下。在飞行过程中，它的身体不停地扭动，呈"S"形，就像在空气中游泳一样。天堂树蛇一次飞行的最大"航程"能超过100米，还能在空中做90°转弯。在飞行过程中，它们平均每秒收一次腹，使整个身体变得扁平，像一个倒扣的"U"形管，又如一个降落伞，在下落过程中增加空气对身体的阻力，延长飞行时间。由于能够在短时间内跨越较长的距离，天堂树蛇在捕食和躲避天敌方面具有很大的优势，因此"蛇丁兴旺"。

如果说天堂树蛇是进化了身体，那么有些动物则选择进化大脑。与只以树叶为主食的同类相比，经常吃水果和坚果的灵长类动物有着容量更大的大脑。树叶易于寻找且来源稳定，因此不需要动物具有太强的觅食能力；以树叶为主食的灵长类动物不得不大量进食这种低营养食物，然后依靠酶将食物在胃里分解。这就是为什么灵长类动物拥有较宽的消化道，其实是帮助食物发酵，同时也可以解释它们为什么会整天坐在那里，只是不断地进食和消化。

与树叶相比，水果和坚果的营养更为丰富，但数量稀少，且更具季节性，来源也不稳定。

以水果为主食的灵长类动物要走得更远，以满足自己对食物的需求，它们的消化道较窄，大脑容量按身体比例来说则更大。它们的栖息地会更广阔，它们也需要更强的方向感，因此通常来说，它们的身体更灵活。以生活在南美洲热带雨林的蜘蛛猴和吼猴为例，二者是同一栖息地的近亲，但蜘蛛猴90%的食物是水果和坚果，而吼猴则主要以雨林的冠层叶片为食。这种饮食和觅食能力上的差异便可以解释为何蜘蛛猴的大脑容量按身体比例来说是吼猴的两倍，其解决问题的能力也相对更强。

与之类似，我们的祖先要想得到更好的生存条件，必须从树上下来并学会直立行走，也就是说，更远距离的觅食将成为他们的基本行为模式。具有更大容量的大脑是他们找到更高营养价值食物的必需条件，而后者也是维持更大容量的大脑的必需条件。

有关人类大脑为何要进化得更"大"，我们还要关注不断发生改变的捕猎模式。早期人类不仅需要觅食，随着人口数量的增加，对捕猎的需求也越来越多，这意味着他们必须走更远的路，面对更凶猛的动物。因此，他们不得不互相理解、互相协调、互相配合，以抓到力量更大、速度更快、隐藏更深的猎物；他们不得不像驾驭生存环境那样去驾驭社会环境，而这个社会环境很快会变得拥挤不堪。

因为进化的力量，整个大自然拥有繁若星辰的物种，也因此变得多姿多彩，令人惊叹。我相信 TTT 技术的进化也一样，一定会有更多的新技术涌现，一定能解决更实际的客户问题，一定能适应更具象的业务场景，让我们拭目以待。

最后，感谢公司管理团队陈洁双、王欣、杨玲玲及其他未列名字的同事，你们把公司的业务管理得井井有条，让我能集中时间和精力来写书。感谢好朋友欧阳丹、陈敬、徐小玲、倪超、巫芳羽、张爽等老师，你们的课程给了我莫大的启发，带给我无尽的思路。感谢谢冬、余雪梅、骆小华三位老师，你们对内容有直接的贡献。尤其要感谢太太文碧燕的理解和陪伴，当我在写作过程中精神恍惚、食不知味时，是你的包容让我坚持不懈地完成本书。

金才兵

2020 年 4 月于广州

目 录

推荐序一
推荐序二
序　言

上篇　善用脑科学，培训更有效

第一章　大脑的奖赏机制 / 3

疯狂的鸽子与大脑奖赏机制 / 4
课堂奖励和惩罚的选择规则 / 11
阿登屋疗养院实验与责任感培养 / 12
利用大脑机制创造学习心流 / 14

第二章　不要做房间里的大BOSS / 23

营造一个信任、自主、有意义的学习场域 / 28
案例学习：寻找世界上最早的花 / 35
几个关于"脑友好"型学习的代表性理论 / 38

第三章　如何让大脑保持活力 / 41

　　睡得好，大脑才能转得快 / 42
　　运动让你的大脑更聪明 / 49
　　学习是让大脑变年轻的魔术师 / 53
　　孤独是吞噬大脑的黑洞 / 60

下篇　基于脑科学的多元智能培训新技术

"多元智能理论"之父——霍华德·加德纳 / 68

第四章　语言智能的开发与应用 / 73

　　优秀培训师语言智能的第一定律：先见后言，善用隐喻 / 75
　　优秀培训师语言智能的第二定律：随机应变，幽默诙谐 / 83
　　优秀培训师是如何点评的 / 85
　　如何发展学员的语言智能 / 87

第五章　逻辑-数理智能的开发与应用 / 93

　　贝叶斯定理 / 94
　　逻辑学的语言 / 98
　　最具代表性人物：阿尔伯特·爱因斯坦 / 102
　　如何开发学员的逻辑-数理智能 / 108

第六章　视觉空间智能的开发与应用 / 113

　　圣诞夜的激情之谜 / 114
　　最具代表性人物：凡·高 / 116
　　在课堂上运用视觉空间智能的若干种方式 / 121

第七章　身体－动觉智能的开发与应用　/ 125

　　一次难忘的课程　/ 126

　　最具代表性人物：芭蕾舞者　/ 129

　　在课堂上运用身体－动觉智能的若干种方式　/ 130

第八章　音乐智能的开发与应用　/ 133

　　将音乐引入课室　/ 135

　　音乐在培训中的应用　/ 138

第九章　人际关系智能的开发与应用　/ 143

　　汤姆金斯模式　/ 144

　　最具代表性人物：刘邦和项羽　/ 149

　　在课堂上应用人际关系智能的若干种方式　/ 153

第十章　内省智能的开发与应用　/ 157

　　婴儿·老鼠·意识楔　/ 161

　　对学习而言同样重要的时间　/ 164

　　最具代表性人物：苏格拉底　/ 166

　　在课堂上制造内省的若干种方式　/ 168

第十一章　自然观察智能的开发与应用　/ 175

　　最具代表性人物：达尔文　/ 177

　　一个王朝的谢幕　/ 179

　　在课堂上运用自然观察智能的若干种方式　/ 184

参考文献　/ 187

上篇

善用脑科学，培训更有效

- 神秘的心流
- 像游戏设计师一样思考

- 信任、自主、有意义的场域
- 寻找世界上最早的花

- 12条"基于脑的原理"
- 12条大脑定律

- 睡眠缺失=智力流失
- 运动让大脑更聪明
- 学习让大脑更年轻

- 斯金纳鸽子实验
- 阿登屋疗养院实验

第一章

大脑的奖赏机制

> 我们的大脑一直不停地因外界刺激而改变里面神经回路的联结，它是环境与基因的产物：我们的观念会产生行为，行为又会回过头来改变大脑的结构；先天（基因）决定某个行为，这个行为又会回过头改变大脑……大脑的可塑性就是越常用的联结越强，不常用的就被荒草淹没了。
>
> ——洪兰，脑科学家，加州大学实验心理学博士

疯狂的鸽子与大脑奖赏机制

斯金纳是心理学研究史上极具争议性的代表人物，但他设计和做过的一些实验至今还影响着人们。斯金纳曾以 8 只鸽子作为实验对象，在实验进行前的几天里，只喂这些鸽子很少的食物，以便在实验时让鸽子处于饥饿状态。这样做的目的就是增强鸽子寻找食物的动机，让实验的效果更明显。

斯金纳将饥饿的鸽子放入专门设计的"斯金纳箱"中。这个箱子里装有食物分发器，而且食物分发器被设定为每隔 15 秒就自动放出食物。也就是说，不管每只鸽子做了什么，每隔 15 秒它都将获得一份食物，这是一种对它之前行为的强化。

之后，斯金纳让每只鸽子每天都在实验箱里待几分钟，对其行为也不做任何限制，只是观测并记录鸽子的行为表现，尤其是两次食物放出期间的行为表现。

结果他发现，一段时间之后，鸽子们在食物放出之前的时间里，会表演一些古怪的舞蹈：有的鸽子在箱子里逆时针转圈；有的鸽子反复地将头撞向箱子上方的一个角落，还有的鸽子头和身体呈现出一种钟摆似的动作，它们头部前伸，并且从右向左大幅度地摇摆。

鸽子们为什么会如此疯狂呢？斯金纳认为，鸽子们的舞蹈行为被保持下来是由于其舞蹈之后食物出现了。也就是说，鸽子们认为，是它们之前的那些古怪的舞蹈行为让它们获得了奖赏——食物。因此，为了再次获得食物，它们更加卖力地表演鸽子求食舞。

为了验证这个假设，斯金纳停止了向箱子里投放食物。起初，鸽子们仍旧卖力地表演舞蹈，但慢慢地，鸽子们发现，无论它们怎样卖力地表演，都没有任何食物出现了。于是，鸽子们相继停止了表演。

由此，斯金纳提出了对心理学的发展起到重大促进作用的强化理论，这个理论可以这样理解：

- 人与动物一样，都是有目的地展开行为。
- 当某种行为的后果对其有激励作用时，这种行为就会在以后重复出现；相反，如果这种行为的后果是为其带来一些损失或不利，这种行为就可能减弱或消失。
- 当奖励或惩罚作为一种目的强化物时，强化的时间规律性决定强化效果。

我非常好奇的是：当鸽子跳起疯狂的舞蹈时，它们的大脑里面发生了什么？

现代的大脑科学基本上能够告诉我们，鸽子的行为是由于鸽子大脑中的奖赏系统被激活了，更具体地说，是食物的投放让鸽子的大脑分泌了多巴胺，而食物的获得又强化了这种效应。斯金纳后续的实验证明人类的大脑也是类似的。

人类在漫长的进化过程中，为了生存和繁衍生息，让大脑进化出了**"奖赏系统"**。每当人们面临有利于生存和繁衍的情境时，大脑就会通过分泌多巴胺这种"快乐分子"来奖赏自己，让自己产生一种"快感"。作为奖赏化合物，多巴胺是影响奖赏系统（情绪、满足感、幸福感、专注力、学习力、运动）的神经递质。它在评估可选项的潜在回报方面发挥了重要作用。实验表明，只有在面对预示回报的信号时，生成多巴胺的神经元才会变得更活跃。愉快和痛苦两种信号都会影响多巴胺的分泌，以吸引人们的注意力，让人们采取有利于生存的行为。

但是多巴胺含量的增加也有不利的一面，伦敦大学的雷·多兰教授曾负责做了一个有趣的实验，研究人员给每个被试者发一片安慰剂（也称"无效对照剂"），接着便进行多巴胺水平测试。测试要求被试者在"更小、更早或更大"之间做出选择。比如，被试者可以选择在两周内挣 15 美元或者在 6 个月后挣 57 美元。参与这项研究的另一位博士说道："我们每天都面临着这样的抉择。这些决定要么能带来即时满足，要么能带来长期回报，而长期回报的价值更大。是今天高价购买新的iPhone，还是等它在 6 个月后降价了再买？是节食，还是拿起桌上美味的蛋糕就吃？是拿起书来学习为考试做准备，还是先看会儿电视？"多兰等人的实验结果表明，多巴胺的增加会使我们更愿意获得即时满足而不是耐心等待一个可能更有益的结果或者奖励——更多人选择了两周内挣 15 美元而不是 6 个月后挣 57 美元。

培训师应该懂得多巴胺的作用和意义，以便在课堂上适当刺激学员释放多巴胺，从而帮助学员专注于与目标一致的学习任务，并帮助学员更轻松地做出决定。例如，当我们想吃巧克力的时候，多巴胺就会被释放出来，这种信号会激发我们去寻找巧克力。吃巧克力本身又有助于多巴胺的释放，这时候的信号便是提醒我们需要再吃一块，因为第一块巧克力的美味让我们感觉良好。如果学习的过程如同不断地品尝美味的巧克力，那该多么美妙。培训师可以在学习的不同阶段都埋藏"巧克力"，让学员像寻宝一样，不断刺激学员分泌多巴胺，完成学习的"巧克力"之旅。

在课程的导入阶段埋藏"巧克力"

比如，你要讲授一堂脑科学的课程，在讲解基础理论知识之前，可以设计一个这样的练习：

请判断下列观点哪些是正确的，哪些是错误的。
1. 正常人的大脑只开发了 10%。（   ）
2. 左脑人更有逻辑性，右脑人更富有创意。（   ）
3. 大脑神经回路并非一成不变，而是可以被塑造的。（   ）
4. 多听莫扎特的音乐进行胎教，生出来的宝宝会更聪明。（   ）
5. 大脑损伤是永久的。（   ）

只要是个正常人，即便什么都不做、什么都不想，整个大脑也仍然在运行。如果你做一些稍微复杂的任务，如起身走路、说话，那你的大脑、小脑、脑干，每一个部位都在运行。人脑的进化不允许存在浪费。可能有人会问，很多脑成像实验中说当人做某件事情时，某个大脑区域被激活是怎么回事？实际上，你所看到的脑成像图是经过分析之后的结果，通过对比多组实验所得的脑成像扫描可以发现，你在做某件事情时，某个大脑区域只是比其他区域更活跃而已。所以，第一个观点是错误的。

研究人员称，在某些功能上使用一半大脑区域优先于另一半大脑区域的倾向是真实的，这种现象被科学家称作偏侧优势。这并不意味着，伟大的作家或者演说家更经常使用他们的左侧大脑，或者一侧大脑的神经细胞较另一侧更丰富。事实上，连接所有大脑区域才使人类能够从事创造性或者逻辑性活动。大脑是作为一个整体来工作的，来自外界的信息经胼胝体传递，使左右两个半球的信息可在瞬间进行交流（1×10^8 bit/s），人的每种活动都是左右两个半球信息交换和综合的结果。所以，别再说什么"左脑人""右脑人"了，第二个观点也是错误的。

关于脑损伤的研究最早发现了大脑具有可塑性。一些研究者发现，在经过学习和训练之后，大脑发生病变的脑区可以部分得到恢复，甚至邻近的脑区可能发展出病变脑区的功能。所以，第三个观点是正确的。

有一个非常有名的理论叫"莫扎特效应"，指的是如果胎儿或幼儿常听莫扎特的曲子，就会变得更聪明。但令人失望的是，这个说法只是大众科普的误读，一系列的研究并没有发现听莫扎特的音乐或者其他古典音乐会对人的认知能力具有长期帮助（至少现在的研究还没有发现）。所以，第四个观点是错误的。

现在的神经科学和临床医学的确不能完全恢复中枢神经的创伤。但这并不绝对——至少我们已经知道有多个病例，在切除大脑的某一块或半边大脑后，神经细胞重新产生了新的联结，使得理论上应该消失的大脑功能重新出现。所以，第五个观点也是错误的。

在课程的中间阶段埋藏"巧克力"

在课程内容进入比较深入的部分时，比如要讲解大脑中的化学物质——神经递质的作用了，又可以埋藏一颗"巧克力"。

请在下面神经递质与它们的别称之间连线：

多巴胺	地位化合物
安多芬	奖赏化合物
催产素	天然止痛剂
皮质醇	信任荷尔蒙
血清素	压力荷尔蒙

当我们发现了某些正在寻找的东西或做了某些必须做的事情时，多巴胺就会给我们带来愉悦感；当我们完成一项重要任务或者实现了一个阶段性的目标后，多巴胺就会让我们产生满足感。我们都知道，把待办清单上的事项一个一个地划掉时多么畅快，那种取得进步或成就的感觉主要就是由人体内的多巴胺制造的。所以，多巴胺的别称是"奖赏化合物"。

内啡肽（endorphin）亦称安多芬或脑内啡，是一种内成性（脑下垂体分泌）的类吗啡生物化学合成物激素。它是由脑下垂体和脊椎动物的丘脑下部所分泌的氨基化合物（肽），它能与吗啡受体结合，产生跟吗啡、鸦片剂一样的止痛效果和欣快感，等同天然的镇痛剂。

"跑步者的愉悦感"是指当运动量超过某一界限时，体内便会分泌安多芬。长时间、连续性的、中量至重量级的运动以及深呼吸是分泌安多芬的条件。通过长时间运动，肌肉内的糖原用尽，只剩下氧气，便会分泌安多芬。这些运动包括跑步、游泳、越野滑雪、长距离划船、骑单车、举重、有氧运动舞或球类运动。安多芬的别称是"天然止痛剂"。

2012年12月20日，据国外媒体报道，科学家发现催产素能够影响一个人的慷慨或自私程度，他们称其为"道德分子"。催产素可以提升同情心，如果这种化学物质在某人身上被抑制，那么他就会更倾向于自私的品性。催产素的别称是"信任荷尔蒙"。

血清素会影响人的胃口、内驱力及情绪。观察大脑活动会发现，在血清素含量低的时候，大脑中杏仁核部位和额叶部位之间的信号联系会减少。杏仁核部位与愤怒情绪有关，而额叶部位发出的信号可以帮助控制这种愤怒情绪。因此，在缺少作为"信使"的血清素时，"理智"的额叶就难以控制"愤怒"的杏仁核。本次研究最终发现了血清素在负责理智和愤怒的大脑部位之间充当信使的机制。血清素的别称是"地位化合物"。

在压力状态下，身体需要皮质醇来维持正常生理机能。如果没有皮质醇，身体将无法对压力做出有效反应。如果没有皮质醇，当狮子从灌木丛中向我们袭来时，我们就只能吓得屁滚尿流、目瞪口呆、动弹不得。然而，借由积极的皮质醇代谢，身体能够启动起来，做出逃走或者搏斗的反应，因为皮质醇分泌能释放氨基酸（来自肌肉）、葡萄糖（来自肝脏）以及脂肪酸（来自脂肪组织），这些被输送到血液里充当能量使用。我们都有压力，那些承受重复压力的人，或者生活节奏紧张的人，或者正在节食的人，或者每晚睡眠少于8小时的人，都很有可能长期处在压力状态下，从而使他们的皮质醇水平长期偏高。这时皮质醇的负面效应开始显现为新陈代谢的变动：血糖升高、食欲增加、体重上升、性欲减退以及极度疲劳等。因此，皮质醇的别称是"压力荷尔蒙"。

由于安多芬的存在，我们能够努力工作和从事艰苦的劳动。而我们制定目标并愿意集中精力达成目标，则缘于能产生激励作用的多巴胺。当我们关心的人取得了重大成就，或者当我们让那些关心我们的人感到骄傲时，我们就会产生自豪感，催产素正是这种自豪感的源泉。催产素的神秘力量在于，它能帮助我们形成爱与信任的纽带，并且建立稳固的人际关系。皮质醇则能让我们面临压力及时做出反应——战或逃。

但是，这些化学物质不是完美的，它们不会以相同的剂量或严格的比例释放，我们的身体有时会释放出错误的化学物质，从而使整个化学系统崩溃。我们要做的是，创造一个能让体内化学物质以适当理由释放的环境，如果我们创造的环境和氛围符合人的自然倾向，其结果必然是集体中的所有人都能自我激励。

当整个系统处于平衡状态时，我们似乎就能获得一些接近超自然的能力，比如勇气、灵感、远见、创造力和同情心。当这些事物融合在一起时，我们就能产生超凡的结果和情感。

因此，正确答案是：

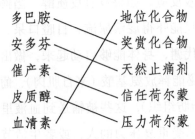

在课程的结尾阶段埋藏"巧克力"

在课程的结尾阶段，培训师可以花 15 分钟时间让学员把这堂课的内容用思维导图的形式画出来。在学员完成任务后，培训师把自己提前准备好的精美的思维导图分发给每位学员，作为完成课程的礼物，或者最后留出 20 分钟时间，让学员自己设计一个课程总结活动。

课堂奖励和惩罚的选择规则

当学员出现培训师期望的一种行为时，对其施加奖励，会增加他以后出现这种行为的概率。那么，如果学员不出现这种行为，该施加奖励还是惩罚呢？

斯金纳的强化理论是这样认为的：强化作用可以分为积极强化作用和消极强化作用。积极强化是通过增加某种刺激来提高期望行为的发生次数，因此又叫作正强化；消极强化是通过减少某种刺激来提高期望行为发生的次数，因此叫作负强化。虽然两者的方式不同，但最终都能够发生期望的行为。

举个简单的例子：

> 一位老师希望学员能够积极发言，那么积极发言就是一种期望的行为。学员 A 能在老师提问的时候积极举手发言，老师就会用加分的方式来奖励他的这种行为。得到奖励后的学员 A 会更积极地举手发言，这就是积极强化作用。
>
> 学员 B 没有举手发言，老师就不会奖励 B 分数。为了得到加分奖励，学员 B 在老师下一次提问时就会举手发言，这就是消极强化作用。

惩罚的目的在于减少不良行为出现的次数，而积极强化和消极强化都是为了增加期望行为出现的次数，这就是它们的根本区别。因此，只有在学员做出严重影响课堂的行为（如大声喧哗）时，老师才可以采用惩罚来削弱这种行为。作为强化理论的提出者，斯金纳并不提倡惩罚。因为惩罚只能消除某种不良行为，却不能保证出现这种不良行为的对立面——期望的积极行为。

比如，如果处罚上课迟到的学员，学员最多会因为怕被处罚而准点来到课堂，绝对不会因为受到处罚就提高学习的积极性，自觉早早来到课堂。

因此，斯金纳主张用消极强化代替惩罚，当某种行为得不到强化时，就会渐渐消退。对不良行为不予注意，对良好行为给予奖励，不良行为就会逐渐消退，而良好行为就会得以保留。不知这个建议对各位老师有没有启发呢？

阿登屋疗养院实验与责任感培养

美国心理学家兰格和罗丁曾做过一个非常有名的实验，这个实验叫作阿登屋疗养院实验。阿登屋疗养院是美国康涅狄格州最好的疗养院之一，疗养院共有四层楼，里面的老人健康状况相近。两位心理学家随机挑选了其中两层，准备让这两层楼的老人接受一个实验：

四楼的老人（8男，39女）接受了"责任感提升"的训练；

二楼的老人作为对照组（9男，35女）。

兰格、罗丁与一名管理员确定了一些要做的事情，于是这名管理员分别给两层楼的老人开了个会。

责任感提升组（四楼的老人）得到的信息是：

1）"你们可以自己决定房间的设施布置——无论你们是希望它就像现在这样，还是希望工作人员帮你们重新布置一下……你们有责任让我们知道你们的意见，告诉我们你们想做什么样的改变，告诉我们你们所希望的事情。"

2）"我想利用这个机会送给你们每人一个由阿登屋疗养院准备的礼物。是否想要植物？你们可以选择一种自己喜欢的植物。"结果，所有的老人都给自己选了一种植物。"这些植物是你们的了，请你们照顾好自己的植物。"

3）"最后，还有一件事我想通知你们，那就是下周四、周五的晚上我们将各放映一场电影。如果你们想看的话，请在两天之中选择一天。"

对照组（二楼的老人）得到的信息是：

1）"我们希望你们的房间尽可能舒适，并且我们也已尽力为你们做了这样的安排。我们希望你们在这儿能感到高兴，我们的责任就是给你们创造一个幸福的家，让你们能为它而感到自豪，我们将尽全力在各个方面帮助你们。"

2）"我想利用这个机会送给你们每人一个由阿登屋疗养院准备的礼物（护士拿着装有小植物的盒子走了一圈，发给每位老人一种植物）。护士会每天替你们给植物浇水并照顾它们。"

3）"最后，还有一件事我要通知你们，那就是下周四、周五的晚上我们将各放映一场电影，稍后将会通知你们安排哪一天去看。"

三天后，管理人员到每位老人的房间里去了一次，并重复了同样的信息。

实验持续了三个星期，从中我们看到两层楼的老人获得的信息的差异：四楼的老人自己决定干什么，二楼的老人由疗养院决定做什么。兰格和罗丁做了一些后续的调查工作，并进行了研究和分析。

责任感提升组测试报告表明，老人觉得自己比对照组的人更快乐，生活充满乐趣。责任提升组的老人在为期三个星期的实验后，"93%的被试者的快乐感、机敏度、社交能力、活力等方面的水平状态都得到了很大的改善"，而控制组只有21%的被试者状态向积极方面发展。

兰格和罗丁得出结论：抉择权带来的自我责任感、生活控制感能使人的生活态度变积极。这给我们的启示是：激发学员的责任感，让学员为自己的学习负责，让学员进行自我奖惩，是一种非常有效的激励方式。

我们知道，学习动机包括内在学习动机和外在学习动机，而责任感跟内在学习动机高度相关。

内在学习动机是由好奇心、求知欲、自尊心、责任感、学习兴趣和成就感等内部因素所引发的学习动机。内在学习动机所追求的目标是学习活动本身，不追求学习活动之外的目标，其作用具有持久性。

学习的内在动力来自知识获得与问题解决带来的愉悦感。

外在学习动机所追求的则是学习活动之外的目标，通常是由长者、权威、领导或群体提供的分数、奖金和职称等外部引诱而产生的，若外部引诱消失，行为便不能持久。

还有一个需要注意的现象是，外在学习动机的强化要谨慎。有研究者发现，如果给予金钱让人们去做他们自己喜欢做的事情，他们很快会对做这件事失去兴趣。他们失去兴趣的速度比没有得到报酬的情况要快得多。

心理学家对此的解释是：表扬或奖励会使学习者感觉到他们对学习的参与是掌握在别人手中的，不受自己的控制，因此他们的内在动机就会减弱。

当然，在现实生活中，这两种动机之间的区别不是黑白分明的。有些行为的产生是这两种动机同时作用的结果。

无论如何，培训师可以尝试让学员做更多的事情，以培养、提升他们的责任感。

利用大脑机制创造学习心流

神秘的心流

心理学家米哈里·契克森米哈（Mihaly Csikszentmihalyi）在写博士论文时观察到：画家沉迷在自己所做的事情当中，专注至极，看起来像是被催眠了一样。他还找到了其他类似的一些人：攀岩者、足球运动员、探险者、棋手。为了弄清楚是什么让行为变成自发性的，契克森米哈对他们进行了采访。采访结果令人崩溃："当人们回想起他们爬山或者演奏华丽乐章的感受时，他们的说法总是老一套，没什么深刻的见解。"

契克森米哈没有被这个结果打败，他决定自己做实验，最终他找到一个新的词语来描述这些处于最佳状态的时刻——心流。

心流描述的是一种内在动机达到顶峰的状态，在这种状态下，人的意识超越了身体上的感知，进入一种狂喜状态。

人们通常在从事体育运动时有可能进入心流状态。例如，当一名滑雪者从一个坡度刚好的山坡上冲下来的时候，他就有可能达到心流状态。在心流体验中，时间会膨胀，并显得完全不相干了，当前这个行为本身占据了滑雪者所有的注意力。

每个人或多或少都经历过心流状态。作家文思泉涌时、棋手冥思苦想时、工匠全神贯注于手中的作品时、游戏玩家完全沉浸在游戏中时，他们都在经历心流的体验。

这些活动通常有三个特征：清晰的目标、即时的反馈以及与能力相匹配的挑战。

在心流中，目标很清晰：你必须到达山的顶峰，把球打到网那边去，把怪打死或者把棋子落到合适的位置。反馈是即时的：山顶越来越近或者越来越远，球落到界内或界外，怪被打死或你被怪打死，棋下赢或输了。

最重要的是与能力相匹配的挑战。一个人所追求的目标既不能太容易也不能太难，以比他现在的能力高一两个级别为宜。这能让人的身心得到延展，让努力本身成为最好的奖励。这种平衡带来了一定程度的专注和满意，这种专注和满意轻易就会超过其他较为平常的体验。初学者有可能聚焦在任务上，但不会产生心流，因为对于他们的技能水平来说这个任务太难。

心流是一种愉快至极的体验，其特点是满心欢快，甚至是欣喜若狂。在这种状态下，人们做事专心致志，心无旁骛，身心合一，就有可能出现以下情况：

- 人们全身心投入任务当中。
- 人们注意力高度集中。

- 人们知道自己想要做什么。
- 人们知道自己做得有多好。
- 人们发现自己学得很快。
- 人们不畏惧失败。
- 人们不会觉得累。
- 人们发现时间过得真快。

…………

总之，心流状态是人们最大限度地发挥自己潜能的时候。人们一旦进入心流状态，对手头的事情就能做到驾轻就熟，对任何变化都能应付自如，对任何困难都会自动视为挑战。培训师就是要努力帮助学员创造出这样的学习心流状态，让学员自动自发地投入学习中，并且享受学习的过程。

像游戏设计师一样思考

前面说了，人们在玩游戏的时候很容易进入心流状态，那是因为游戏设计专家对心流状态的研究最透彻，他们发明了拉扎罗四种关键趣味元素的设计工具来帮助设计师在设计新的游戏时找到灵感，引导玩家进入心流状态。他们发现人们玩游戏有以下四种原因：

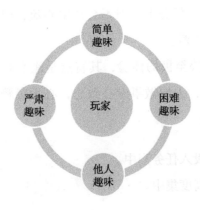

简单趣味（easy fun）：玩家对一种新的体验感到好奇，他被带入这种体验中并且开始上瘾。正如投篮或挤破塑料包装上的气泡，这些事情本身就很有趣，不需要玩家通过得分或保持分数来获得乐趣。

困难趣味（hard fun）：游戏提供了一个可供追求的目标，并将其分解成一个个可以达成的步骤。目标达成过程中的种种障碍给玩家带来挑战，让他们发展出新的战略和技能来实现"困难趣味"。过程中的挫折有望增加玩家的专注力，并且当他们最终获得成功时，这种类型的乐趣让他们体会到史诗般胜利的感觉。

他人趣味（people fun）：当朋友也跟你一起玩的时候，胜利的感觉会更强烈。在游戏中，人们竞争、合作、沟通和领导，极大地提高了参与度。"他人趣味"带来的情绪上的感受有可能比其他三种加起来还要多。

严肃趣味（serious fun）：玩家通过游戏来改变他们自己和他们的世界。比如，有些人会通过射击游戏来发泄对他们老板的不满，有些人会通过脑筋急转弯游戏来锻炼自己的智力，有些人会通过跳舞游戏来减肥。他们从游戏的节奏、重复、收集、完成中得到的刺激和放松为他们创造了价值，推动他们参与。所以，他们玩游戏是对他们价值观的一种表达，而不是在浪费时间。

以上四种关键趣味元素主要关注游戏玩家在他们的游戏过程中做得最多的行为。最畅销的游戏通常能同时满足这四种趣味元素中的至少三种。游戏玩家对这四种趣味元素都喜欢，尽管在其中他们有自己的偏好。通常在一个游戏过程中，玩家对这四种趣味元素的追求是交替进行的。由于每一种元素会给玩家带来不同需要的事情和不一样的情绪感受，他们会发现这样交替进行会让他们保持新鲜感，并且延长游戏的时间。

"简单趣味"是一个吸引好奇的玩家并且促使他们加入游戏的诱饵，因为他们从中体验到新颖的控制方式，探索和冒险的机会，以及想象的空间。玩家对"简单趣味"的反应通常是好奇心、探索欲和惊喜。对于新加入一个游戏的玩家来说，探索、角色扮演、创造性和故事本身都让他们容易参与其中而不至于挑战太大。当玩家在游戏的核心挑战任务上进展得不那么顺利时，"简单趣味"给他们提供机会去体验更多其他的情绪，有趣的失败是对创新的冒险者的奖励。

当玩家不再持续关注一些新奇的感觉时，就会去寻找一些具体的事情来完成。游戏的一个最显著的趣味就是其挑战性。"困难趣味"提供一个清晰的目标让玩家去完成，并在完成过程中设置障碍，给玩家机会让他们运用策略，从而让他们在经历挫折之后从史诗般的胜利中感受到"自豪"。在这个过程中，游戏的难度和玩家的技巧之间达到一个良好的平衡。事实上，玩家必须感觉到非常沮丧，几乎要把遥控器扔出窗外。如果他们在这个时候取得了胜利，"自豪"的感受是非常强烈的，以至于他们要将自己的双臂挥向空中来庆祝。

如果玩家只是按了一下按键就赢得了比赛，他们是不会觉得那么兴奋的，他们需要发展自己的技能去完成一个目标。"困难趣味"就是通过游戏难度和玩家技巧间的平衡来做到这一点的。如果游戏不会越来越难，玩家会因为觉得无聊而离开，而如果游戏变难的速度太快，玩家会因为受挫而离开。

当与朋友在一起时，胜利的快感会让人感觉更好。围绕游戏展开的社交互动能创造娱乐效果和社交纽带。游戏中像竞争、合作、照顾他人和沟通这样的"他人趣味"机制，能给人带来社会性的情绪，比如愉悦、幸灾乐祸、友好。当一群人在同一个房间里一起玩同一个游戏时，更多的情绪体验会被引入，而这些来自"他人趣味"的情绪体验比其他三种趣味加在一起带来的情绪体验还要多。

游戏中的"严肃趣味"让玩家感觉到他们自己和他们的世界变得更好。当"自豪"的感觉逐渐变淡，"严肃趣味"依然在为玩家创造价值和意义。一些被普遍接受的、构成世俗社会基础的价值有正直、正义、公平、公正、诚实、保持人的尊严、勤奋等。

一些被普遍接受的价值和意义：

正直　正义　公平　公正　诚实　无私　怜悯　谦逊
尊重　勇敢　礼貌　忠诚　勤奋　仁慈　耐心　热情
和睦　责任　谅解　友好　自制　信任　卓越　慷慨
正当　帮助　果断　友善　宽容　爱

我们已经清楚游戏设计的把戏了，这对我们设计成人的学习项目有什么样的启发呢？我们怎样才可以像设计游戏一样在成人的学习中制造出更多的心流体验？其实学习过程也可以利用游戏的这四种趣味元素来精心设计。

一开始的学习不能太难，还要有一定的趣味性，以吸引新进入的学习者的好奇心和探索欲。比如，可以设计一些跟课题相关的测试、猜谜等活动，让新进入者在不知不觉中被吸引。

例如，我曾经要在一个课堂上向学员介绍培训理论发展中的一些特别重要的人物和他们的理论观点，就先设计了下面的练习，做完练习之后再讲，效果就非常好。

请将下面两列内容中有对应关系的进行连线：

人物	理论
罗伯特·加涅	五星教学法
梅里尔	大脑科学
约翰·梅迪纳	多元智能
霍华德·加德纳	教学目标分类
布鲁姆	九大教学活动
大卫·库珀	交互式学习
哈罗德	体验式学习

随着学习的深入，学习的难度也要提升，让学习者感觉有挑战性。学习者如果感觉到答案是自己找到的、问题是自己解决的，那么就很容易产生一种"自豪感"，这种自豪感会让他们更加深入地学习、把更多时间投入学习中。

例如，在课程中设计如下的案例讨论就能有效地引导学员更深地投入学习中。

三把火该不该烧？
- 某公司销售业绩下滑、市场占有率低，销售经理离职后，空降销售经理马先生。马先生有经验、有能力，并且有同业经验。
- 马先生新官上任三把火，制定了多项新的销售管理制度，结果引起员工反感，并有三人离职。
- 问题：马经理如何应对当下的挑战？

此外，来自同学的赞美比老师的赞美更有效，因为大家一起学习同一个课题，与老师的表扬相比，人们更注重同伴的评价和赞美，更希望被团队接纳，这就是社交关系的力量。同学间的互相帮助，小组间的互相竞争、拍照、成果分享、微信建群等活动都可以促进社交关系。

最后，学习要有意义，要让学习者觉得他们自己和他们的世界在变得更好。比如，学习是为了解决工作中的某个难题，是为了掌握某种职场能力，是为了提升某项职业素养，等等。就像一部电影的情节，要么是拯救人类，要么是正义战胜邪恶，要么是有情人终成眷属，等等。如果没有这些意义，画面再美、音乐再好听、武打动作再漂亮，人们也会很快就觉得无聊。

请将下面两列内容中有对应关系的进行连线（答案）

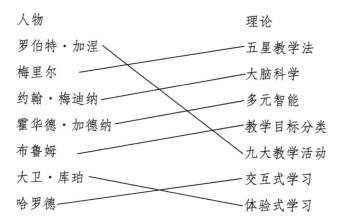

第二章

不要做房间里的大 BOSS

第二次世界大战期间,纳粹集中营的军官奉令以枪决、毒气、绞刑及其他种种残酷手段,屠杀了 1200 万犹太人。这些军官怎能下得了手!战后,许多纳粹分子众口一词地提出了一个不是十分偏激的说法。"我们当时别无选择,"他们说,"我们只是在执行命令而已。"这个说法几乎变成了他们的口头禅。无论是那些应该承担责任的高级军官,还是那些在战后试图找回正常生活状态的普通士兵和平民,都可以用这个说法来为自己的行为辩护,将责任转嫁给自己的上级,从而避免承担个人责任。27 岁的耶鲁大学心理学助理教授斯坦利·米尔格兰姆想对人类的这方面本能进行深入研究,他想知道:作为人类的我们,如果有人的地位比我们高,我们就会盲目地服从他们吗?如果有权有势的人命令我们做一些违背道德准则和是非观念的事情,我们会毫不犹豫地服从吗?于是,在 1961 年,他设计并进行了以下极其著名又饱受争议的心理学实验,以测试人们对权威的服从性。

米尔格兰姆对被试者宣称实验的目的是研究惩罚对学习的影响。他在当地报纸上刊登广告，招募20～55岁身强体壮的男性，"工人、体力劳动者、专业人员、厨师，皆可"。助手埃尔姆斯负责联系人来参与实验。实验者与被试者分为两人一组，分别担任学生和老师，师生角色由抽签决定。由于实验者的安排，事实上所有被试者都充当教师的角色，而充当学生角色的被试者是实验者的助手。

实验内容是教师朗读配对的关联词让学生记忆，然后教师念出某个词时，让学生在四个备选中选择一个，如果选错了，学生将被教师施以电击惩罚。电击强度从15伏到450伏，分30个按钮。为了让作为"教师"的被试者对"电击"深信不疑，实验者会让"教师"先体验一下强度为45伏的真实电击，尽管电击微弱，但还是能产生一阵烧灼的感觉，让"教师"非常难受。

实验开始后，"教师"和"学生"分在两个房间里，"学生"的胳膊上绑着电极并被实验者用带子捆绑在椅子上。当"学生"做出错误选择时，"教师"可以施以电击惩罚。双方虽然被墙壁隔开，互相看不见，但可以听得见彼此的声音。

实验过程中，"学生"故意出错，教师施以电击，当"学生"出错的次数越来越多时，"教师"电击的电压值不断升高。"教师"听到"学生"的叫喊声、怒骂声、哀求声、痛哭声、挣扎声，直至"学生"停止叫喊，似乎已经昏厥。其实这些声音只是放的录音而已。

每当"教师"不忍心继续实验的时候，实验者就会表示一切后果由他承担，与"教师"无关，同时命令"教师"坚持做下去。结果，在作为被试者的"教师"中，65%的人服从了命令，直到给予答错问题的"学生"高达450伏的电击。只有35%的被试者做出种种反抗，拒绝执行命令。

米尔格兰姆是社会心理学家，势必会从情境的角度来解读其实验发现。社会心理学主张：人格（你是谁）不如环境（你在哪儿）来得重要。

米尔格兰姆表示，他的实验证明，只要所处环境有需要，任何正常人都可能成为杀人凶手。多年来，他不时以此实验来解释越战士兵和纳粹军官骇人听闻的行为。但是人类行为绝不只是所处环境的投射，尽管米尔格兰姆深信人类行为深受情境操控，但他并未忽略"人格特质"此项变量，他不认为情境是唯一的因素。很多人不知道米尔格兰姆说过这段话："面对权威，选择服从或反抗，必定也受人格特质影响，只是目前还无法证明。"

在米尔格兰姆之前，已有心理学家以服从为研究主题。1944年，心理学家丹尼尔·弗兰克发现，只要他穿上医生的白大褂，不管要求被试者做出多么奇怪的动作（如倒立、闭着一只眼睛倒退走路、用舌头舔窗户玻璃），被试者都会照做。

人们困惑不已：为什么在有些情况下，人会不由自主地盲目相信他人的论断，或者盲目服从他人的命令？

如果你喜欢看自然（或动物）纪录片节目，你经常会看到这样的画面：

> 一望无际的草原上，在温暖的阳光下，一群斑马正在悠闲地吃草。突然，一匹吃草的斑马停了下来，焦虑感让它立刻抬头四处张望，希望它听到的动静不是来自一头狮子。旁边的斑马看到同伴的动作，也立刻停止吃草，抬头张望。不久，整个马群都开始四处张望，虽然不知道到底在看些什么，但它们知道，如果有一个同伴觉察到威胁，那么所有的同伴都应该感受到同样的威胁。突然，一匹斑马发现一头狮子正准备猛扑过来，它本能地朝狮子进攻的反方向急冲出去，马群中的其他斑马不管有没有看到狮子，都跟着那匹斑马一起全速向前冲。狮子没有追上一匹斑马，突袭失败，斑马们躲过一劫。

所有的社交型哺乳动物都有一种天然的预警机制，人类也不例外。

大自然设计这种机制的初衷，是提醒我们注意危险，提高防范意识。如果缺少这种意识，我们就只能在目睹危险或攻击已经开始时才发现危险的存在，那就为时已晚了。

当我们在夜晚听到厨房里发出的碰撞声时，就会产生压力和焦虑感，而皮质醇就是这些感觉的来源。我们对这种感觉的第一反应就是抗争或逃跑。就像高级安全警报系统一样，皮质醇存在的意义，就是提醒我们注意潜在危险，并采取自我保护措施。我们的身体并不知道我们如今是在办公室工作，而不是身处一望无际的非洲大草原。从远古流传下来的人类身体预警系统并不明白，我们今天所面对的"危险"不再是对生命的威胁，但它仍像远古时代一样提醒我们危险的存在，仍要帮助我们保护自己。

我给培训师的第一个启示是：不要做房间里那个穿白大褂的，不要做草原上的那头狮子，不要做房间里的大 BOSS。培训师必须认识到，对于学员而言，"培训师"本身可能就是一个"威胁源"。只有当学员感到安全时，才会开启"探索模式"，如果他们觉得受到威胁，就像那只斑马一样，自动触发"防御模式"，从而选择逃跑，如果无处可逃，顺从就是绝大多数人的选择。

我在学习教练课程的时候，教练的十大原则给了我很深刻的印象。这十大原则非常强调教练要保持中立，教练是一个陪伴者和促进者，而不是权威和专家，不是直接提供答案或解决方案的。我认为，培训师也可以学习借鉴教练的这十大原则，并思考培训师应该秉持什么样的原则和立场来开展培训工作。

教练的十大原则

原则一：任何事情皆可更完善，即便已经很好

遵循这项原则，教练在教练过程中，就会不断挑战对方，做出最好的表现。

原则二：越多选择，越大成功

遵循这项原则，教练在教练过程中，就不会让对方找到一个方案就马上行动，而会引导对方首先去发现更多可能的选择，然后再从更多选择中找出最有效的方案。

原则三：很多时候是客户拥有答案，教练只是帮人拨开迷雾

遵循这项原则，教练在教练过程中，就不会为对方提供答案。教练相信，被教练者暂没有发现解决方案，是因为很多因素交织在一起，令其看不见解决方案。如果教练能支持对方厘清这些错综复杂的因素，从混乱中理出秩序，被教练者就自然能够找到解决方案。

原则四：大部分被教练者在远低于能力上限运作

每个人都有一个内在的自然防御系统，为了避免失败，人们在设定目标时，都会为自己预留一些安全的空间。教练清楚人们内在的防御系统，在教练过程中，就会激励当事人自己愿意为自己设立更高的目标，在能力上限运作。

原则五：肯定有更简易的方法

教练坚持"肯定有更简易的方法"这一原则，往往能够帮助被教练者寻求"多、快、好、省"的最佳方案来解决企业的实际问题。

原则六：如果现在的方法行不通，就用另一种方法去尝试

教练遵循这一原则，就会鼓励当事人尝试更多的方法，而不是走进死胡同。同时教练可以启发当事人：不要幻想用同样的方法去取得更好的结果。

原则七：假如一个人可以做的，任何人都可以学到

教练遵循这一原则，能够帮助当事人在无法发现解决方案的时候，可以对成功人士的成功案例进行拆分观察，从成功案例中寻找细微经验，借鉴这些成功经验并引发当事人思考。

原则八：价值观由被教练者定义，并非由教练决定

对于被教练者而言，什么是重要的，什么是不重要的，这一点是由被教练者决定的。教练遵循这一原则，就不会牵引被教练者去执行自己认为重要的方案。

原则九：每一个人都希望演好自己的角色

教练遵循这一原则，将不会对当事人产生偏见，即使当事人没有发现更好的方案，也会积极鼓励并支持他们。

原则十：没有失败，只有回馈

教练遵循这一原则，将不会让当事人产生挫败感，会积极引发当事人从失败中找出可以借鉴和学习的经验，以确保下一次获得成功。

我给培训师的第二个启示是：营造一个信任、自主、有意义的学习场域。

营造一个信任、自主、有意义的学习场域

期望与信任

1968年，罗森塔尔教授和他的助手贾可布森来到一所小学，从一年级到六年级中各选三个班，在学生中进行了一次煞有介事的"未来发展测验"，然后在学生名单上圈了几个名字，告诉这些学生的老师：这几个学生智商很高、很聪明。八个月后，罗森塔尔和贾可布森又来到这所学校进行复测，奇迹出现了：那几个被他选中的学生真的成为班上的佼佼者，他们的成绩有了显著进步，而且情感、性格更为开朗，求知欲望强，敢于发表意见，与老师的关系也特别融洽。

老师们纷纷上前请教心理学家如何才能拥有"慧眼识得千里马"的技能。这时，罗森塔尔教授缓缓道出了真相：他们进行的是一次关于期望的心理实验，而之前他们提供的名单纯粹是随机抽取的。

在罗森塔尔实验中，通过暗示，老师们对名单上的学生充满了坚定的信心，并在授课时从眼神、笑容、音调中流露出对他们的喜爱和热情。学生们潜移默化地受到影响，因此变得更加自信，充满奋发向上的斗志，于是他们在行动上就不知不觉地更加努力学习，结果理所当然地取得了飞速进步，这就是常说的"自我实现的预言"。你相信学生是什么，他们就将会是什么，这就是所谓相信"相信的力量"。

当我们真正感受到人与人之间的信任感的时候，我们体内释放出来的后叶催产素能够让那些在高压力、充满皮质醇的环境下产生的负面效应发生逆转。

血清素提升我们的自信，激励我们去帮助他人，并让我们的领导为我们自豪。

后叶催产素能够缓解压力，提高我们对学习的积极性，并提升我们的认知能力，使我们能更好地解决复杂的问题，同时它还能改善我们的免疫系统、降低血压、减少我们的不良嗜好和欲望，最重要的是，它能激励我们团结合作。

在商业社会中，因信任而产生巨大效益的例子比比皆是，例如：

> 惠普公司的两位创始人休利特和帕卡德曾热情洋溢地总结了惠普的精神：惠普之道，归根到底就是信任个人的诚实和正直。惠普公司存放电气和机械零件的实验室备用品仓库是全面开放的，不仅允许工程师在工作中任意取用，还鼓励他们拿回家供个人研究。惠普公司认为不管他们拿这些零件做的事情是否跟工作有关，反正只要他们摆弄这些玩意儿就总能学到点东西。
>
> 休利特跟乔布斯有一段佳话。当时只有 13 岁的乔布斯给邻居休利特打电话要些多余的零件，用来组装他尚未完成的、名为"计频器"（frequency counter）的设备。休利特已经是大名鼎鼎的惠普公司联合创始人之一，他没有对一个小毛孩的请求置之不理，而是给了乔布斯零件，还给乔布斯提供了一份暑期到

惠普公司实习的工作。乔布斯成名之后，对这段往事念念不忘，多次在演讲中提及，可见这件事对他的成长有非常大的帮助。

3M公司有一个著名的"15%规则"。1902年，5个年轻人创立了3M公司，几年后年轻的威廉任公司总经理。威廉走马上任后的第一件事，就是投资500美元开辟出一个1.5米×3.4米的角落储藏室，作为公司的第一个实验室。与此同时，他提出了"15%规则"。这个规则规定：研发人员每个星期可以拿出15%的工作时间，用来研究自己感兴趣的东西。对于威廉的这个举动，公司很多同事并不看好。他们甚至对威廉提出的"15%规则"冷嘲热讽："让研发人员每天躲在实验室浪费时间吗？有那闲工夫，还不如让他们在工业流水线上多拧几颗螺丝钉呢。"

但是随后公司的发展，让大家对实验室彻底改观。在威廉的带领下，实验室成果频出。1914年，实验室推出了第一个独家产品——研磨纱布，大受欢迎。1925年，公司一名叫理查德·德鲁的员工独自钻研，发明了"玻璃纸＋粘胶"的透明胶带。方便和实用的特点，让透明胶带很快成了家喻户晓的世界性产品。20世纪40年代，3M公司发明了用于高速公路标识的反光膜。20世纪50年代，3M公司发明了录音磁带和录像带……数据显示：在100多年间，3M公司平均每两天研发出3个新产品，品类超过6000种，包括无痕挂钩、便利贴、信用卡、百洁布和拖把等。3M公司向全球200多个国家的顾客提供多元化及高品质的产品及服务。3M公司在全球超过70个国家经营业务，在38个国家设有工厂，在35个国家拥有实验室，年营业额超过300亿美元，成为名副其实的世界500强企业。在福布斯全球创新公司评比中，3M公司位列第三，仅排在苹果和谷歌之后。

下列对有关培训的评价中，请在跟"信任"有关的句子前面打钩。

1）课程参与性很强。

2）老师允许课堂上有不同的意见。

3）老师的讲解清晰明了。

4）我能接触很多案例。

5）与我的工作有关。

6）我可以随时提问。

7）它让我不觉得自己傻。

8）培训师"用我的语言讲课"。

9）课程很有互动性。

10）我可以在课堂上实践学到的东西。

11）我的表现得到反馈。

12）课堂气氛轻松幽默。

13）我觉得受到了尊重。

14）有很多双向交流。

15）我知道自己在做什么。

请你写出更多的建立课堂信任的方法：

_____，

_____，

_____，

_____。

自主与自愿

"自主"的字面意思是"自我做主"，它的前提是能区分"自我"，然后是"做出选择"。自我意识就是对自我的认知，就是将自己和环境中别的事物及个体区分开的认知。对于人类而言，自我意识可包括多个层面。首先，我们有对于自己身体的认知，明白自己身体各部分的状态以及所处的位置等；其次，我们有对于自己心理状态的认知，明白自己的情绪、性格、能力等；最后，我们有对于自己在社会中所处的位置的认知，明白自己与他人的关系等。那么，我们该怎么研究这个看不见、摸不着的"自我意识"呢？

没有什么问题能难得住聪明的科学家。1970年，心理学家戈登·盖洛普设计了镜子测试，专门用来测试婴儿和动物的自我意识。当婴儿睡着的时候，在宝宝的脸上涂抹无毒无味的颜料，醒来后的宝宝如果对着镜子用手去抓脸上的颜料并试图擦掉，我们就认为宝宝具备了"镜像自我识别"的能力，此能力可以用来反映自我意识。以上测试方法叫作镜前的"标记测试"。通过这种测试，科学家发现人类的自我意识并非与生俱来，婴儿一般要到两岁时才能通过"标记测试"。而在动物之中，成年的黑猩猩、海豚和章鱼也有自我意识。

成年人喜欢自己做决定，"自主决策"是成年人的特点之一。就学习来说，"自主决策"包含了两大价值。其一，自主决策需要收集信息，然后进行分析，提出替代方案，权衡每种方案可能带来的结果，最后对各种选择进行筛选，找出看起来最合适的方案。所有这些心智活动都可以极大地促进学习和记忆，还能提高未来的工作成效。其二，学习者在决策中的自主程度越高，他对决策结果的重视程度就越大，没有人会反对自己的选择。

学员希望别人把他们当成独立、有能力的个体，他们需要得到尊重，甚至在犯错的时候也需要被尊重。尊重是实现自主的基本要素之一，尊重使得学习者有勇气尝试、有勇气犯错，不必有太多顾虑。在很多时候，成年人比儿童脆弱，他们害怕失败或者丢脸。所以，当学员面临挑战时，培训师应该给予积极的鼓励，如试试看、别担心、没关系，即使不成功也不要紧。

自主意识还包含另一层含义：自愿法则。我们都知道有一个著名的空杯原则，即当杯底朝上，杯子是封闭的时，是没法往杯子里加哪怕一滴水的。

实现自愿这一法则很简单：关注学习者的需要。你的培训必须能够回答学员的问题：这个课程对我来说有什么用处？成年人对学习需求的态度决定了他们的学习效果，当他们决定敞开心扉、打开思维的时候，也就做好了学习的准备。

下列对有关培训的评价中，请在跟"自主"有关的句子前面打钩。

1）课程参与性很强。
2）老师允许课堂上有不同的意见。
3）老师的讲解清晰明了。
4）我能接触很多案例。
5）与我的工作有关。
6）我可以随时提问。
7）它让我不觉得自己傻。
8）培训师"用我的语言讲课"。
9）课程很有互动性。
10）我可以在课堂上实践学到的东西。
11）我的表现得到反馈。
12）课堂气氛轻松幽默。
13）我觉得受到了尊重。
14）有很多双向交流。
15）我知道自己在做什么。

请你写出更多的实现学员自主的方法：

_____，
_____，
_____，
_____。

有意义

在学习中,信息对个体是否有意义比信息是否被个体所理解对信息储存的影响更大。过去,经验就像个过滤器,帮助我们注意那些跟自身有关的有意义的事情,抛弃那些没有意义的事情。如果学员在学习结束时都没有发现学习的意义,学习内容就不太可能被记住。

意义是指什么?每件事情不都是有意义的吗?学习材料不都是有意义的吗?

意义是指学员附加到新学习中的关联性。意义并不是内容本身所固有的,而是学员将之与过去的经验联系在一起的结果。在课堂情境中,当学习材料可以被理解并对个体有意义时,学习者才更有可能持久地储存这些信息。这里的"可以被理解"是指学习者能在过去经验的基础上理解所学的内容。而"对个体有意义"是指学习的内容与学习者有关。

可见,意义是非常个体化的事情,在很大程度上受学习者先前经验的影响,同样的学习材料可能对一个学员很有意义,但是对另一个学员则意义不大。

大脑皮层的关键特征之一是能够觉察和创建意义模式。学习是不断从混乱不清中抽出意义模式。那么,对大脑而言,怎样才是有意义的信息呢?一是相关性,把无关联的信息片段集合成一个大的信息模式,以突出其间的关系和关联;二是情绪,激发积极或消极的情绪反应;三是背景模式,对学习者的个人生活产生影响和冲击。学习如果失去了意义,学习者就会丧失到达终点的兴趣和内在动机。

凯恩夫妇提出了意义的两个关键维度:一个是创造性的洞察力和对意义的感知,我们称之为感觉意义;另一个是意图,它是深层意义的核心。凯恩夫妇认为,有意义的学习是建立在创造性基础之上的,这种创造性也是学习者在教育中所能经历的快乐的源泉。深层意义是指驱动我们并控制我们的目的感的任何事物,它是内在动机的核心。

综上所述,让信息有意义的最有效的途径之一是将新概念与已知概念进行联系或比较,将不熟悉的信息与熟悉的信息挂靠起来。每个人都可以用自己的方式理解事物,因此,个人的先前经验有重要的价值。

下面是几条帮助培训师建构意义的方法:

1)坚持预先呈现,鼓励学习者较快和较深入地学习。在正式开始讲授之前,向学习者预先呈现你的主题全貌。

2)预习要用到的信息。预习方式有很多,以角色扮演、模拟情境、玩游戏等方式,都可以潜意识地向学习者呈现新的学习。

3)在开始新课题之前,要求学员讨论他们已经知道了什么,可采用头脑风暴、测试、角色扮演等形式。

案例学习:寻找世界上最早的花

100多年前,当英国生物学家达尔文发现在距今1.1亿年左右的白垩纪地层中,突然出现大量的被子植物化石时,他非常困惑不解。因为在距今1.4亿年至2亿年的侏罗纪地层中,只有裸子植物(种子裸露,种子外面没有果实包裹)和蕨类植物(草本,靠孢子繁殖)被发现了。这些繁殖器官比较简单的植物,是怎样进化到复杂的被子植物的?完成于什么年代?被子植物的祖先类群是哪一类裸子植物?达尔文做了大量调查,未找到任何线索,因此称之为"讨厌之谜"。为解开此谜,100多年来,全世界的有关科学家做了大量工作,但一直未能得到满意的答案。

1990年夏,孙革(时任南京地质古生物研究所研究员)、郑少林等在黑龙江鸡西地区发现了距今约1.3亿年的被子植物的化石。孙革从中发现原位的被子植物花粉。美国著名孢粉学家布莱纳教授认为这是全球最早的被子植物花粉，当时世界上许多科学家认为，中国已经找到了打开达尔文"讨厌之谜"的钥匙。难以想象从1990年到1996年，孙革和郑少林在辽西留下多少探索的足迹，洒下多少艰辛的汗水，先后采集了几百块植物化石，才从中发现了"似被子植物"，为辽宁古果的发现打下坚实的基础。

1996年11月的一个秋夜，孙革在研究室里小心翼翼地打开用纸包裹着的刚从辽西北票采回来的几块植物化石。在看到第三块时，他感到惊异，眼前的化石上有一株形似蕨类植物的呈杈状的枝条，似叶子的部分呈凸起状，显然是种子，不同于常见的蕨类植物。50多岁的孙革怀疑自己是不是眼花了，他再用放大镜仔细审视，上面的主枝和侧枝呈螺旋状排列着40多枚似豆荚的果实，每枚果实包藏2～4粒种子。他又拿到显微镜下观察，啊，果然是被子植物！孙革按捺不住激动的心情，再三对自己说，看仔细点儿，再仔细点儿。基于化石所显示的被子植物特征，他坚定地认为这就是迄今世界上最早的花。

课题组于1997年再征辽西。张武首先采到一块辽宁古果的化石碎片，据此线索，郑少林又采到两块完整的果枝化石。经实验，这三块标本都保存有完好的种皮角质层，可显现细胞形态特征，能进一步提供分类依据。孙革、郑少林和课题组人员再赴北票，先后共采集8块辽宁古果标本。为了这8块，他们总共采集了1000多块化石。

在辽西发现的辽宁古果，显示了最早期被子植物的原始性，其结构有点儿像现今的木兰花，只是果荚排列不像木兰花的聚合果那样紧密。由于原始的花处于裸子植物演化为被子植物的最初阶段，因此，不像现今的花有美丽的花瓣、花萼、花托、雄蕊、雌蕊等，但辽宁古果具有被子植物最重要的特征——种子被果实包藏着。从古植物学来看，被子植物的果实、种子和花朵本是一体，只是处于不同的发育阶段，看到了果实就等于看到了花。它出现在距今1.45亿年的侏罗纪时期，以往从未有过这样早的被子植物化石记录，因此，**被视为迄今世**

界最早的花。

这一发现为研究1.4亿年前地球生态环境变迁提供了新的思路,对恢复1.4亿年前我国辽西地区及东亚地区古地理、古气候、古生态环境及地层对比研究,寻找煤和石油等沉积矿产,具有重要的指导意义。(《科技日报》,1999年8月4日)

一块化石,在普通人手里可能就是一块石头而已,但是在科学家眼里,成了揭开植物进化史上不解之谜的钥匙!这是因为科学家可以通过一块化石的信息,解读出里面非凡的意义,进而可以解读出亿万年前的地球环境、动植物的状态。但是科学本身是严谨的,所以为了找到更多的实证而不是孤例,以孙革为带头人的科学家们前后花了近10年时间来寻找证据,最终以无可争辩的实例证明了目前世界上最早的花的样子。这就是意义和寻找意义的价值之所在,也是科学精神的意义之所在。

关于这个案例,在自然科学课堂上,还可以按以下步骤设计教学过程。

第一步先提问:什么是裸子植物?什么是被子植物?让学员们讨论并寻找答案。

第二步抛出达尔文的"讨厌之谜",让学员讨论、猜测甚至画出"世界上最早的花长什么样"。

第三步给出答案:辽宁古果及其特征和发现过程。

这是一个引导学员自己一步一步寻找答案和意义的过程，整个学习过程会非常有意思。

几个关于"脑友好"型学习的代表性理论

凯恩夫妇：12条"基于脑的学习原理"

最早的具有代表性的基于脑的学习原理的提出者当属凯恩夫妇，他们于1990年提出了12条"基于脑的学习原理"。这些学习原理一经提出就引起了理论和实践者的广泛关注，奠定了基于脑的学习原理的基本研究框架。这12条原理是：

1）大脑是复杂的适应性系统。

2）大脑具有社会性。

3）对意义的探寻是与生俱来的。

4）对意义的探寻是通过"模式化"而发生的。

5）情绪对于模式的创建是非常关键的。

6）脑同时感知与创造部分及整体。

7）学习既包括集中注意，又包括边缘性感知。

8）学习总是包括有意识与无意识的过程。

9）我们至少有两种组织记忆的方式。

10）学习是发展性的。

11）学习因挑战而增强，因威胁而抑制。

12）每个大脑都是独一无二的。

在此基础上，凯恩夫妇提出基于脑的教学有三个要素：①编排的浸润状态；②放松的警觉；③积极的加工。总之，学习者最迫切的需要是寻求意义，基于脑的学习对学习者而言是有意义的学习，所学到的知识是有意义的知识。

苏索：11个"基于脑的教学要素"

苏索认为基于脑的教学要素有以下 11 个。

1）营造课堂氛围。

2）课堂教学内容的编排：少即多。

3）有效地运用新颖性。

4）课堂时间的安排：短即好。

5）回顾的作用。

6）把想象作为保持的策略。

7）学生的讲述与运动。

8）独立练习要在有指导的练习之后进行。

9）运用概念图。

10）鼓励高层次思维。

11）课程满足所有学习者的需要。

苏索的与脑相宜的教学要素涉及课堂氛围的营造、教学内容的编排、教学时间的安排，并论述了多种教学策略的运用，为老师在课堂中实施与脑相宜的教学活动提供了具体的操作范例。

约翰·梅迪纳：12 条大脑定律

约翰·梅迪纳在《让大脑自由》一书中提出了以下 12 条大脑定律。

1）越运动，大脑越聪明。

2）大脑一直在进化。

3）每个大脑都不同。

4）大脑不关注无聊之事。

5）短期记忆取决于最初的几秒间。

6）长期记忆取决于有规律的重复。

7）睡得好，大脑才会转得好。

8）压力会损伤你的大脑。

9）大脑喜欢多重感觉的世界。

10）视觉是最有力的感官。

11）大脑也有性别差异。

12）我们是天生的探险家。

梅迪纳认为，虽然我们对大脑是如何运转的还知之甚少，但是人类的进化史告诉我们这样一个事实：在一个不稳定的环境下生存，人类会遇到各种各样的问题，我们大脑的主要功能就是解决这些问题。

"**脑友好**"的英文原文来自：brain friendly（友好的、亲切的、朋友般的）、brain compatible（相容的、和谐的、一致的）、brain fitness（恰当的、适当的、健康的）。脑友好型学习认为，"所有的学生都是天生的学习者"，在学习上要"以学生为中心，如果学生无法适应我（老师）的教学方法，就让我（老师）教会他们以自己的方式学习"。我们的任务是让学生"学会学习"。

第三章

如何让大脑保持活力

　　如今，有很多关于人类衰老的理论，例如程序学说。程序学说认为，某些基因是设定好的，随着时间来改变控制衰老的激素，让免疫系统日渐衰老，使人更容易罹患疾病；有一种说法认为，蛋白质会交叉结合并不断积累，导致人体细胞和组织日益损耗；另一种说法认为，是自由基（机体氧化反应中产生的有害物质）破坏了细胞，最终损害了人体功能；还有的说法认为，是基因突变破坏了DNA，从而使细胞丧失功能。

由中年走向晚年之际，大脑会在很多方面发生变化，这些变化包括以下方面。

1）神经递质和大脑中的其他神经化学活动有所变化。

2）线粒体的变异增加，大量释放破坏神经元的自由基。

3）神经元逐渐萎缩。

4）髓鞘出现损失。

5）突触出现损失。

6）新的突触不再产生，原有突触不断扩展，使人们更容易刚愎自用。

7）出现很多有关衰老的神经退行性变化，包括老化斑块、神经纤维缠结。

在我看来，衰老是这些因素综合作用的结果。你可以减缓衰老，也可以做一些事情加速衰老，本章就从以下四个方面跟大家聊聊做哪些事情可以减缓衰老，保持大脑活力。

1）睡得好，大脑才能转得快。

2）运动让你的大脑更聪明。

3）学习是把大脑变年轻的魔术师。

4）孤独是吞噬大脑的黑洞。

睡得好，大脑才能转得快

在毫无保护的情况下，在一群游荡的捕食者（如狮子、剑齿虎、花豹等）中间进入梦乡是多么危险的一件事，无论怎么想，睡眠这个主意都好像是我们的敌人替我们想出来的。在睡眠期间，我们肯定会得到特别重要的东西，否则，我们就不会冒着如此大的风险进入梦乡去寻找它。究竟是什么东西如此重要呢？

睡眠缺失＝智力流失

一项研究跟踪观察了负责操纵复杂武器装备的士兵。一晚的睡眠缺失使士兵的整体认知能力下降了30%，导致他们的业绩表现随之下降；连续两晚的睡眠缺失导致认知能力下降60%。其他的研究延伸了这项实验并得出进一步的调查结果：连续5天将士兵的睡眠时间限制在6个小时以内，甚至更少，他们的认知能力与那些连续48个小时遭受睡眠剥夺的个体的认知能力持平。

最近的一些科研项目开始研究那些乍一看似乎与睡眠关系不大的人体功能。例如，当个体睡眠被剥夺后，身体吸收食物营养的能力下降了约1/3，生产胰岛素的能力以及从大脑最喜欢的甜食——葡萄糖中摄取能量的能力开始大幅下降。与此同时，你会发现，人体对这些物质的需求量明显增加，这都是因为人体内的应激激素水平开始以一种持续缺乏管理的方式上升。如果人体一直处于这种状态下，就会加速人体衰老的过程。举例来说，如果一个30岁的健康成年人连续6天的睡眠被剥夺（在这项研究中，受试个体平均每晚有大约4个小时的睡眠），他身体部分的体能化学水平就会很快下降，变成60岁老人的水平。如果他恢复到原来正常的睡眠时间，则还需要一个星期左右的时间，这些体能才能恢复到他30岁时的正常水平。

结论就是，睡眠缺失就意味着智力的流失。睡眠缺失会残害思维，无论你从哪个角度来衡量，都会发现有思维受损的情况发生。睡眠缺失也会损害注意力、执行功能、即时记忆、工作记忆、情绪、数学能力、逻辑推理能力。最终，睡眠缺失影响手的灵巧性，包括精细的运动控制能力，甚至影响到大的运动动作，比如在跑步机上健步走的能力。

把所有的数据结合起来看，一个一致性的结果出现了：睡眠与学习密切相关。这个结果在那些睡眠充足的个体身上可以观察到，在那些睡眠少的个体身上也可以看到，在任何时间都观察得到。当然，解释睡眠是如何提高人体功能的，还不像证明睡眠的确可以改善人体功能这样一个事实那么简单。鉴于这一问题对我们的大脑来说十分重要，接下来我们试着解释它。

让我们从一只倒霉的小白鼠说起。10年前，这只小白鼠不幸带着植入它大脑内的一束电线睡着了。这些"电线"实际是一个个电极，直接与小白鼠大脑内的神经元相连。将这些电极与录音设备连接在一起，你就可以监听它的大脑在自言自语些什么了。这有点儿像中央情报局的电话监听，通过录音设备，你就可以听到神经元在处理信息的过程中喋喋不休的谈话了。即使在这么一只小白鼠的大脑里，你也可以一次监听到高达500个左右的神经元对话。那么，它们在说些什么？当你从小白鼠身上获取了新的信息，比如在它学习如何走迷宫的那段时间内监听它的大脑反应，你会发现一些非同寻常的事情——一个非常不连续的电刺激的"迷宫专用"模式出现了。有点儿像莫尔斯电码，一系列的神经元在学习的特定时间序列开始噼啪作响。此后，小白鼠在每次穿越迷宫的时候总是激活这一模式。这似乎是小白鼠新迷宫导航思维模式的电子版本形式（至少，多达500个电极可以检测到这些）。

当小白鼠进入睡眠状态，它开始**重放迷宫模式序列**。小白鼠的大脑在熟睡的时候回放了它学到的东西，在睡眠的特定阶段，小白鼠的大脑一直在执行这个模式，它一遍又一遍地重复，速度远远胜过白天，使这个序列在大脑中重放了上千遍。如果这时一个讨厌的研究生决定在慢波睡眠阶段将小白鼠弄醒，他也将观察到同样特别的一些事情。那就是，第二天这只小白鼠不记得如何穿越迷宫了。毫不夸张地讲，小白鼠似乎是在学习发生之后的那个晚上巩固了白天的学习内容，打断它的睡眠也就扰乱了它的学习周期。

这很自然会引起研究人员的好奇心，他们想知道：对于人类来说，事情是不是也如此？答案是什么？答案是，我们不仅在睡眠中要做这样的数据处理，而且我们以一个复杂得多的方式进行处理。像小白鼠一样，人类似乎在夜间慢波睡眠阶段回放日间的学习经历。但与小白鼠不同的是，人类更多的情绪刺激记忆似乎在睡眠周期的不同阶段反复重放。

这些发现带出了一个爆炸性的观点：某些类型的离线处理在夜间发生。我们需要睡眠是否有可能仅仅为了暂时关闭外部世界，让我们能够把更多的注意力资源转移到认知上来？我们需要睡眠是否有可能因为睡眠让我们能够学习？

这个观点听起来很有说服力，但是现实世界的研究要麻烦得多。究竟如何解释这些数据与以前研究结果的关系，科学界对此还存在激烈的争论。我们需要的永远是更多的研究，而不仅仅是那些只在实验室的工作台上进行的研究。

睡觉时，大脑在做什么

最初，科学家认为，睡眠时的大脑是没有活动的，基本处于宕机的状态。

第一个研究睡眠的人叫尤金·阿塞林斯基。1953年，当他在芝加哥大学读研究生的时候，为了测试新到的脑电图器械，晚上他把器械带回家。那天晚上，他的宝贝儿子没有得到睡前故事，反而是满头贴满了电极，并这样进入了梦乡。在排除了器械故障的可能之后，尤金意外地发现，睡眠时大脑还是一个不夜城。

随后尤金和他的导师发现，在人们熟睡的时候，大脑会进入一个快速眼动（rapid eye movement，REM）睡眠期，一整个晚上，可能会进入这个状态好几次。这个状态非常有趣，因为这个状态下的大脑脑电波看起来更像显示人是醒着的。在这个状态下，你的全身都不能活动（眼球和呼吸系统的肌肉除外），大脑中又会出现各种非常精细的幻象，也就是"梦"。除了这个状态，剩余的睡眠时间都处于非快速眼动睡眠期（即非 REM 睡眠）。整个睡眠时间，REM 睡眠占大概 25%，非 REM 睡眠占 75%，从非 REM 睡眠到 REM 睡眠再回到非 REM 睡眠，这就算是一个完整的睡眠循环，大概需要 90 分钟。也就是说，一般情况下，成年人需要一个半小时到两个小时来完成一个完整的睡眠循环。

与非 REM 睡眠相比，在 REM 睡眠状态下，眼球运动加快、心跳加快（大概每分钟多 10 次）、呼吸加快，男性还会出现勃起的状态。

在 REM 睡眠状态下，大脑到底在做什么呢？很多神经科学家认为，REM 睡眠，或有可能是"梦"本身，在记忆中起着很重要的作用。现在还没有绝对的结论，但有很多研究发现，REM 睡眠会使人在做一些视觉、听觉任务时明显表现得更好（包括反应速度、准确率）。其中，最早、最有影响力的，要数以色列神经科学家阿维·卡尼所做的一项研究，这项研究的结果发表在《科学》上：志愿者被要求去识别屏幕上闪现的一条短线的方向。这个视觉任务很难，因为短线出现的速度非常快。每人需要做两次测试，分为 A、B、C、D 四组。

A. 第一次和第二次测试之间没有睡眠：第二次测试结果比第一次好。

B. 前一天晚上做一次测试，睡觉之后，第二天早晨再做一次测试：早晨测试结果明显比 A 组的第二次测试好（说明睡眠对测试有帮助）。

C. 前一天晚上做一次测试，睡觉之后，第二天早晨再做一次测试，但 REM 睡眠状态会被打断：早晨测试结果没有任何进步（也就是说比中间不睡觉还糟糕）。

D. 前一天晚上做一次测试，睡觉之后，第二天早晨再做一次测试，但非 REM 睡眠状态会被打断：早晨测试结果最好，比不打断睡眠的测试结果还好。

上述结果实在是有趣。也就是说：①睡眠能改善任务表现；②千万不要打断 REM 睡眠；③打断非 REM 睡眠，任务表现会更好。

这里不得不提一下"睡眠中学习"。在 20 世纪美苏冷战期间，有非常多关于这方面的研究，但后来都被证实是无效的。实际上，神经科学的各类权威教科书也是这样强调的。大概 3 年前，《自然》上刊登的某项研究成果显示，该项研究发现了反例。最近也出现了些新的研究，证明：有些声音，人在睡梦中是可以学习的。

睡眠实际上是一个非常活跃的过程，需要很多大脑区域共同合作来完成睡眠的循环。之前有一种说法，说晚上 11 点是肝脏的清洁时间、凌晨 4 点是肺脏的排毒时间，不知是谁说的，但现在科学研究还没有找到任何证据。当然，有很多研究能证明睡眠和内分泌很有关系，但没有这样准确的时间表。毫无疑问，睡眠和日常的身体健康密切相关，比如与免疫系统有直接关系。总之，人最好是睡得刚刚好，不能太多、不能太少，也不能是错误的时间。

睡眠充足，防止大脑过热

我们直觉上认为睡眠非常重要，而一系列关于睡眠的健康效应研究也证实了这一观点。当我们没有得到充分休息时，我们的大脑会怎样呢？有研究表明，如果缺乏睡眠，大脑内的神经细胞就会乱成一团。在某种意义上，如果我们剥夺了细胞必要的休息时间，它们就会出现过热现象。

由意大利米兰大学马塞洛·马西米尼带领的研究团队做过这样的实验：他们向被试者的大脑释放一种强大的电磁流，引起了神经细胞一系列的电反应。通过安装在被试者头皮上的结点，研究人员测量了额叶皮层电反应的强度。同一批被试者经过一个晚上的睡眠剥夺实验，第二天再次接受同样的测量。

结果发现被试者的电反应在一晚无眠之后显著增强了（从这个层面上说，"增强"意味着更加混乱，不受控制）。但是，如果他们当天晚上好好睡上一觉，隔天再进行测量，发现结果与第一天无异。可见，睡眠确实会影响细胞的活动。

倘若你正在饱受失眠的折磨，可能有以下几种原因。

1. 房间不够黑

在理想状态下，你的房间应该没有一丝光亮，尤其是来自电视或其他发光电器的光线。当你的眼睛在黑暗中接触到光时，大脑会误以为现在是起床时间，进而减少褪黑素的释放（褪黑素是由松果体释放引起困意和低体温的一种激素）。发光电器产生的光线影响最大，因为它们像极了太阳光。

2. 过晚还锻炼

如果你睡前三小时还锻炼的话，新陈代谢速度就会加快，心率会提升，夜间容易惊醒。尝试将锻炼改在上午，最晚不要迟于傍晚，那样你能一觉睡到天亮。

3. 太晚饮酒

人们通常认为酒精会引起睡意，但事实上它会影响我们的深度睡眠，使你在第二天觉得更累。你可能在饮酒之后感觉到困，但那维持不了多久。

4. 房间温度过高

当你睡觉时，你的身体和大脑想要降温，但是如果你的房间太过温暖，就会阻碍降温过程。在房间里放台风扇是个不错的选择，因为它不但能够保持凉爽，还能产生有规律的白噪声，催你入梦。不过，房间温度也不能过低，要不然你会冻得难以入睡。

5. 睡前摄入咖啡因

咖啡因的半衰期是五个小时，因此，如果你要喝咖啡的话，早点儿喝吧。

6. 看着钟表

如果你半夜醒来的话，不要看表。事实上，你最好把床头的钟转过去，那样你就看不到时间了。当你习惯性地看钟时，你正在把你的生物钟往错误的方向调整，并且不久之后，你将发现你会在每天凌晨的 3:15 准时醒来。

7. 看电视直到入睡

这是个很不好的习惯，主要有以下几个原因。首先，看电视会刺激大脑活动，这与你的目的背道而驰。其次，电视发出的光会提醒大脑要清醒。

8. 深夜仍在思考问题

一旦我们在深夜惊醒时，跃入脑海的头一件事就是我们正在担忧的问题。此时你能做的就是，阻止自己继续深入思考，并换一件比较轻松的事情考虑一下。一旦你陷入焦虑的循环中，你会一直清醒到天亮。

9. 睡前进食

蛋白质需要很大的能量才能被消化掉，如果你在睡前进食，那么即使你试图睡觉，消化系统也在不停工作，让你难以入睡。如果你真的饿了，最好只吃少量的碳水化合物点心。

10. 睡前抽烟

抽烟者认为抽烟就是在放松，但是这是神经化学的一个诡计。事实上，尼古丁是刺激物。如果睡前抽烟，你整晚估计会醒来好几次，就像睡前喝了杯咖啡一样。

睡眠对于确保大脑运转良好至关重要。如果你总是失眠，思维必会受损。严格避免以上几种行为，你每晚至少能安稳睡上六个小时。

运动让你的大脑更聪明

大约 11 000 年以前，我们的祖先开始进入农业社会。在那之前，他们需要在狩猎采集区域活动，每天大约需要奔跑 20 千米去猎取并收集食物，而现在，我们每天开车去超市购买食品。

但是决定人体基本解剖构造和生理学基础的人类基因，在过去的 11 000 年里并没有发生什么变化，发生变化的是我们每天使用的能量、消耗的能源。问题在于我们的身体进化适应了远距离奔跑，尽管我们吃的东西储备了足够的能量，足够跑很远的距离，但依然懒洋洋地躺在沙发上。

越是运动，越能让人的大脑变聪明

通过多年的观察，我发现那些坚持跑步的朋友收获了意想不到的好处。同时，也有越来越多的研究表明，几乎所有的运动，尤其是跑步，对我们的大脑很有益处。剑桥大学和美国国家研究所关于衰老的研究更加证实了这一点。我个人认为，这值得大家广泛关注。

跑步能够增加大脑功能的奥秘在于，它激活了神经元的生长。然而，其中的具体过程仍有待研究。不过，很有可能是因为运动加快了血液循环，或者抑制了压力类激素的产生，抑或是两种可能性同时存在。无论它是怎样发生的，跑步都是对抗抑郁的有效方式，其效果类似于很好的抗抑郁类药物。

抑郁的产生与神经元的减少有关。并且，类似于百忧解（Prozac，通用名为"盐酸氟西汀"）之类的 5-羟色胺再摄取抑制剂类药能够促进新的脑细胞的生成。有研究认为，跑步跟抗抑郁药物有着一样的效果，同时不会带来诸如体重增加或性欲降低等副作用。

剑桥大学用小白鼠做实验证明，跑步增强了大脑的记忆功能。神经科学研究者让一组小白鼠每天跑 25 千米，另一组则什么都不做，只是在笼子附近转悠（类似人们在办公室工作）。

最后把这两组小白鼠放于电脑屏幕前，给它们呈现两个并排的一模一样的方块。当小白鼠轻推左边的方块时，便能得到一颗糖作为奖励，但当它们轻推右边的方块时，则一无所获。因此，小白鼠不得不记住哪个方块与奖励有关。

结果是，每天跑步的小白鼠的得分是什么都不做的小白鼠的两倍。

更有意思的事还在后面，后来，研究者把这两个方块移近，直到它们能够彼此挨着，以增加辨别的难度。第二组小白鼠随着方块的靠近，错误率越来越高，而第一组小白鼠总是能辨别正确。再后来，研究者甚至在小白鼠面前把方块调换顺序，跑步组小白鼠的正确率依然远远高于无事组。

这两组小白鼠最后还为科学事业献身，研究者对小白鼠的大脑进行了解剖，发现跑步组的小白鼠在实验期间生长出了新的灰质。而灰质则代表数以千计的新细胞。

以上内容告诉我们，跑步和其他形式的运动对大脑的影响，可能超过了现代药物学所能起到的最好效果。

非常简单，运动起来吧，你的智力将因此而突飞猛进。

越是锻炼，大脑血管越通畅

保持大脑中的血管健康是大脑长寿的关键。在健康的血管里，胶原蛋白和弹性蛋白的数量是平衡的，前者提供硬挺性，后者提供弹性，它们共同提供灵活的血管壁做支撑。人在 25 岁之后，胶原蛋白的数量上升，使血管变得僵硬，不能随着血压的变化而灵活地扩张或收缩。

如果脑血管系统受到损伤，出现了脑血管疾病，正常流过血管的平稳血流就会出现混乱，导致血液淤积甚至逆流，破坏娇弱的血管内壁。血－脑屏障的存在阻碍了基本营养的输送和大脑垃圾的清理，使大脑日益低效。

除了葡糖糖，大脑的另一种重要能源是氧气。如果氧气的运输被阻碍或破坏，神经元就会遭到损害，乃至死亡。鉴于稳定的大脑血液供应非常重要，大脑专门有一套叫作脑血管自动调节的机制，即使在血压不断变化的情况下，也能确保血流的始终平稳。脑血管自动调节需要改变血管的直径，当血压较低时，收缩血管周围的肌肉，加速血流速度；当血压较高时，放松这些肌肉，减缓血流速度。

大脑血流最严重的受损情况就是中风，美国每年大约有100万人中风，构成了美国人的第三大死因。中风有两种主要类型：缺血性中风和出血性中风。缺血性中风是由于血管的突然阻塞，导致阻塞点下游的区域缺乏血液、营养和氧气供应。出血性中风时，血管像大坝溃堤一样爆裂，血液淹没了爆裂点周围的区域，这条血管本该通往的大脑区域也就失去了血液和营养供应，大部分中风都是缺血性中风。在出现严重缺血性中风之前，很多人都会出现一次或多次"小中风"，它会出现一些暂时性症状，比如视线模糊、身体虚弱、头晕目眩、失去知觉等。不论是出血性中风还是缺血性中风，抑或是小中风，大脑神经元只要缺氧几分钟就会死亡。

除了中风，还有很多因素能够扰乱大脑的血液供应，它们被统称为"脑血管疾病"，包括血管发炎或硬化，血压过高或过低。很多因素可能都与脑血管疾病有关系，如有害胆固醇、动脉粥状硬化，还有紧张过度，都会提高皮质醇等紧张激素的水平。

事实上，锻炼能够通过多种方式促进通往大脑的健康血液流动，包括以下几种：

- 减少有害胆固醇，增加有益胆固醇，后者能防止血管僵硬、变细。
- 降低血压。
- 使心跳更加高效。
- 提升身体对葡萄糖的敏感度，减少糖尿病风险。
- 减少血液中产生血块的血纤维蛋白原，从而减少中风的风险。
- 减缓与年龄有关的血管利用一氧化氮的能力衰退，防止血液凝结，保持血管健康。
- 更好地控制炎症。

在一个充满刺激的新奇环境中锻炼是非常有效的，因为受到新事物的激发，大脑参与新知识的学习，能够在海马体的齿状回中培育新的神经元，激发神经生成。因此，一边锻炼身体一边学习，是刺激神经生成的高效组合。锻炼有助于制造新的干细胞，而学习能延长它们的存活时间。

快走是最简单、最廉价的锻炼方式，因为你不需要去健身房，在任何时间、大多数地方都可以进行。散步对大脑很有益，因为它能促进血液循环，为大脑输送充分的氧气和葡萄糖，这两者是大脑功能健康的关键。散步比慢跑轻松，因为你的腿部肌肉不必消耗额外的氧气和葡萄糖。

通过锻炼促进健康有两种形式：有氧运动和无氧运动。有氧运动需要调动大块肌肉持续费力，比如慢跑、骑自行车、游泳、徒步旅行、快走等。重点在于费力——要把你的心率提得足够高，让你感到气喘吁吁、大汗淋漓、身体劳累。无氧运动是协调和伸展之类的运动。每周锻炼 3 次以上，每次有氧运动 30 分钟，很多人称此为公共健康处方。

你可能无限制地拖延锻炼，或者和很多人一样拿忙碌当借口。专门安排时间锻炼是摆脱拖延的好方法，你会安排吃饭、睡觉、洗澡的时间，那么为什么不能安排锻炼的时间呢？不要觉得有空做做锻炼就好，而要给它创造时间！锻炼是你未来健康的基础，是大脑长寿法则的关键部分。

学习是让大脑变年轻的魔术师

研究人员在追踪生活在科特迪瓦境内的三个相邻的黑猩猩族群时发现，在砸开考拉坚果时它们表现出了各自不同的工具使用模式。在季节伊始，考拉坚果十分坚硬，三个族群的猩猩都会使用石锤；而到了一年中的晚些时候，坚果就会变软，并且更容易被打开，其中一个族群的猩猩就会改用木槌或木块，而第三个族群的猩猩在转换工具时还表现得更为迅速。这些各不相同的行为只能用"学习"来解释，因为每一个族群都可能会用到所有种类的工具。毫无疑问，学习跟大脑进化是相互作用的，而大脑进化影响到物种在生态链中所能占据的生态位。

大脑里的魔术师

《刻意练习》这本书里记录了这样一个案例，伦敦大学的神经系统科学家埃莉诺·马奎尔曾对伦敦出租车司机进行了迄今为止最深入的研究，那些研究也向我们揭示了训练如何影响大脑。马奎尔发现，在出租车司机的大脑中，海马体的一个特定部位比其他实验对象更大，这个部位是海马体的后部。此外，出租车司机的驾龄越长，海马体的后部就越大。几年之后，马奎尔又进行了一项研究，将伦敦出租车司机与公共汽车司机进行对比。公共汽车司机也在伦敦开了好几年车，不同的是，公共汽车司机几年来只反复走一条线路，不必去思考从甲地到乙地的最佳线路是什么。马奎尔发现，出租车司机的海马体后部明显比公共汽车司机海马体的相同部位大得多。

之所以出现这样的情况，是因为世界上几乎没有哪座城市可以像伦敦那样使 GPS 系统陷入混乱。

首先，伦敦并没有由大道构成的道路网络来指示方位和路径，好比纽约、巴黎或东京那样。相反，城市的主干道相互之间都形成奇怪的夹角。主干道则呈曲线状地弯曲着。城市中到处都是单行道，环形交叉路和"断头路"也随处可见，而且泰晤士河在城市中央穿过，因此，伦敦的市中心被十几座桥梁跨过，使得人们在这座城市中不论进行多长时间的旅行，可能都得至少跨过一座桥梁（有时候甚至更多）。

此外，伦敦市采用古怪的编号系统，有时候会让你搞不清楚要到哪里才能找到某个特定的地址，即使你已经找对了地址上标明的街道。所以，对游客来说，最好的建议是靠这座城市的出租车司机把你带到想去的地方。他们无处不在，而且有着令人震惊的能力，能以最高效的方式把你从甲地载到乙地，不仅考虑了各种可行路线的长度，考虑了一天中的时间、预期的交通状况、临时路况以及道路关闭情况，还可能想到了与旅行有关的其他各种细节。

也许海马体偏大的人更适合伦敦出租车司机这个职业，也许出租车司机这个职业让他们的海马体越来越大，而长大了的海马体又让他们更胜任出租车司机这个职业。不管怎样，就像背后有个神秘的魔术师，让司机们的海马体悄悄变大。

科学家最早是怎样发现海马体跟记忆有关系的呢？1957年，斯科维尔和米尔纳报告了神经心理学中很重要的一个病例。这是来自一位被称为H. M.的患者的报告，由于长期出现癫痫症状，医生决定为他进行手术，切除了颞叶皮层下部分边缘系统组织，其中包括两侧的海马区。手术后癫痫的症状被有效控制，但自此以后H. M.产生了顺行性遗忘，即失去了形成新的陈述性长时记忆的能力。H. M.的短时记忆能力和内隐记忆能力保持较好，而长时记忆的存储和情境记忆的能力均受到了较大的损伤。

此外，海马体同环境背景记忆有关。海马体在时间发生的环境背景及细节内容的记忆中也起着非常重要的作用，对新近发生的时间，包括很多细节，一般由海马体来完成。随着时间的推移，记忆细节会减少，海马体的作用也越来越小。在大鼠的研究中，让大鼠进行一项行为反应的学习，并随后对其进行测试，如果测试环境同原来的环境相似，其记忆效果会较好。而海马体损伤的大鼠则没有表现出此种环境特异性差异。

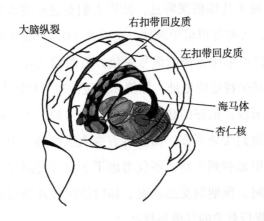

可见，人类身体的适应能力令人难以置信。这种适应能力，不仅仅指骨骼肌肉方面的，还包括心脏、双肺、循环系统、身体的能量储存以及更多其他方面的，凡是与身体爆发力和耐力相关的各个方面，都包括在内。尽管适应能力依然存在极限，但并没有迹象表明我们已达到那些极限。因此，我们想要掌握的某种技能，是可以经过多次重复和练习来提高的，而且在结合身体机能的各项协调适应后，刻意练习就会在大脑中形成固定的路径。我们大脑的适应能力与我们身体的适应能力非常相似，不但程度相近，而且类别也相差无几。所以，靠着身体的反复训练和刻意练习一样可以在大脑中系统掌握某些技能。

大脑中的魔术师不只有海马体，甚至可以说大脑中的魔术师无处不在。

神经外科医生在治疗癫痫症病人时就发现，感觉和运动的大脑地图是跟外界相呼应的，跟真正的地理地图一样，比如，在身体上相接近的部件，在大脑地图上的位置也是相邻近的。例如，大拇指旁边是食指，食指旁边是中指，中指旁边是无名指，无名指旁边是小指，在大脑的运动皮质区的五个手指头表征排列的次序也一模一样。

这给科学家研究大脑提供了很多的可能性，比如，神经学家梅策尼希就用猴子做了很多实验。他找出猴子的手指在大脑中的地图，然后切除猴子的中指。三个月之后，他发现猴子大脑皮质里中指的地图区消失了，食指和无名指已经侵入中指的地盘，把它瓜分了。梅策尼希又设计了一个新的实验，他把猴子的两根手指头缝在一起，使两根手指头同步活动。几个月后，这两根手指头的大脑地图边界消失了，变成一个地图了，也就是说，对大脑来说，这两根手指头变成一根了，碰触两根手指中的任何一根，整个地图都会活化起来。

通过长期观察和绘制大脑地图，梅策尼希观察到新地图如何改变疆域，变得更细致，在大脑中迁移。梅策尼希想，假如大脑地图可以改变，那么那些天生大脑有问题的人就有希望了，那些有学习障碍的人、有心理问题的人、中风的人和有脑损伤的人，就可以建构新大脑地图，形成新联结。

大脑就像一个聪明的魔术师，能有选择地精致化它的处理容积，使人能做好手边的作业。它不是只有学习，还能学习如何学习（learning how to learn）。

大脑中魔术师的存在，说明大脑具有可塑性，这让人学习新技能成为可能，那么人是如何学习新技能的呢？帕斯柯里昂用一个实验揭示了其中的奥秘。

帕斯柯里昂的实验是研究盲人如何学习点字的，这些受试者一周五天，一天两个小时在课堂上学习点字法，回家还有一小时的家庭作业。在上完一周的课后，受试者在星期五到实验室测量大脑地图，然后休息一个周末，星期一再来实验室测一次大脑地图。帕斯柯里昂发现星期五的大脑地图跟星期一的竟然不同。从实验一开始，星期五的地图就非常快速、戏剧化地扩张，但是星期一又回到原来基准的大小。星期五的地图持续发展了六个月，而每次在星期一又都固执地回到基线，六个月之后，星期五的地图仍然在扩张，但是扩张速度没有像前六个月那样快。

星期一的地图正好相反，它们在训练的前六个月一直没有什么改变，六个月之后才开始慢慢地变大，一直到十个月后进入高原期，不再往上爬，但维持原有的高度。在学习了十个月之后，这些学生会休息两个月。当他们再回来上课时，帕斯柯里昂重新找出他们的大脑地图，结果发现这个地图跟两个月前的星期一的地图一样，没什么改变。因此，每天的练习会导致短期戏剧性的改变，但是永久性的改变是在星期一的地图上看到的。帕斯柯里昂同时发现受试者读点字的速度跟星期一的地图的相关性比较高。

帕斯柯里昂认为，星期一和星期五的地图的差别说明了二者有不同的可塑性机制。比较快速的星期五地图的改变强化了现存的神经回路联结，揭开了过去被埋葬的途径；比较慢、比较永久性的星期一地图的改变显示全新结构的形成，可能是新神经元联结的分叉和新突触的形成，它是长新芽而不是强化旧有的。

这个实验也可以解释为什么考试前"开夜车"有一定效果，但是考完就忘记了的现象。考前"开夜车"，在短暂的练习后，我们可以进步，因为我们强化了现有的神经突触联结。但是我们很快会忘记"开夜车"所学的东西，因为来得快、去得快的神经联结很容易反转，又散开并去和别的神经联结。如果要一直保持进步，永久掌握一门新技术，必须慢慢持续地学习，直到形成固定的新联结。所以，学习不是一蹴而就的事情，是要下苦功的。

用学习抵抗衰老

强化认知储备是一个积极的过程，看电视以及其他消极活动没有任何好处。实际上，消极活动只会加速认知储备的流失。我称看电视为"死亡时间"，因为除非你是看一些资讯类节目，不然你的注意力很难集中。这时候你的大脑无所事事，没有接受任何挑战。

研究表明，每天至少参加一项益智活动的老年人，认知衰退会减缓7%，而那些参加排名前三的益智活动的老人，认知衰退的风险更是降低63%。

荷兰大脑研究所的研究人员提出，某个大脑区域的终身活跃或许能够阻止或减缓大脑相应区域的退化。在某个专门岗位上工作，或者有一项终身爱好，就有可能促成这样的情况。促进"认知健身"需要使用一套系统的认知锻炼项目，调动大脑的大部分区域，全面的认知健身效果可以真正服务于大脑健康。

在研究中，他们让研究对象参加认知测验，并说出各自喜欢的娱乐活动，其中包括棋牌游戏（象棋）、打高尔夫球、跳舞、快走等。研究人员发现，下棋、阅读、演奏乐器和跳舞都对改善晚年认知能力、降低痴呆症风险有帮助。想要达到认知储备的目的，必须每周参加几次这样的活动。参与活动的频率和专注度也很重要，只是每周参加一两次认知活动起不到多少积极作用。不过，如果研究对象每周参加八次以上认知活动，他们患痴呆症的概率就会下降一半。下象棋会用到工作记忆，训练效果最为明显，因为要想下好象棋，你必须预想到好几步棋才行。但从统计数据来看，最常见的认知锻炼——纵横字谜，促进认知功能的效果并不明显。做纵横字谜游戏与其说是一种认知锻炼，不如说是一种认知活动。

培养大脑储备的认知锻炼需要思维刺激带来的变化、挑战和新奇，最好的方法是实施一项综合的认知集训，就像锻炼尽可能多肌肉的身体锻炼集训一样。因此，认知锻炼不应过于狭隘，它应该覆盖多种认知技能。逐步提高挑战难度，这样训练任务就永远不会太简单，也不会成为习惯动作，只需要跳出自己习惯的舒服区域。最后，尝试一些新鲜事情，能够启动前额皮质和海马体，打开新学习的大门。

保持好奇心，尝试一些平时不做的事情，在下面你打算尝试的选项前打钩。

- ☐ 选择不同的道路上班。
- ☐ 用不同的交通方式上班。
- ☐ 改变睡眠时间（如在中午睡个午觉）。
- ☐ 看不同类型的电影（如动作片、科幻片、文艺片、纪录片等）。
- ☐ 阅读不同的报纸/杂志/漫画。
- ☐ 结交新的朋友。
- ☐ 尝试不同风味的饭菜。
- ☐ 去没有去过的地方旅游。
- ☐ 读一些平时不会读的内容（如漫画、时装杂志、时政报道、财经评论）。
- ☐ 尝试不同的运动（如划船、徒步、蹦极）。
- ☐ 看不同的电视节目。
- ☐ 学习一项新技能（如变魔术、制陶、一门外语）。

....

孤独是吞噬大脑的黑洞

不断发生改变的是觅食探索模式和捕猎模式。早期人类不仅需要觅食，同时对捕猎的需要越来越多，这意味着他们必须走更远的路，而且必须彼此合作；他们不得不互相理解、互相协调，以抓到猎物；他们不得不像驾驭一个生存环境那样去驾驭一个社会环境，而这个社会环境很快会变得拥挤不堪。

孤独的危害比抽烟还严重

要正确看待社交因素的力量。不妨想一想，在人类进化史的大部分时间里，我们人类处于一种狩猎-采集的生活方式。我们的祖先之所以能够繁衍壮大，是因为他们维持了强大的情感和社会纽带。他们需要互相帮助，才能保证安全、获取食物。相反，如果一个个体被群体排斥出去了，他的命运就只有死亡。一个人独自在大草原上游荡，意味着没有其他部落成员帮助他，没有人保护他不受食肉动物的攻击，或者他不能享受集体采集和狩猎的好处。

因为我们是高度社会化的物种，并通过我们的沟通交流能力繁衍壮大，所以，当我们拥有健康的人际关系时，就会感到舒服。然而，如果我们被剥夺了健康的人际关系，处于孤独的境地，出现健康问题的风险就会大大增加，孤独会从根本上削弱我们的健康。为了有一个直观印象，可以进行一个简单的对比，孤独对健康造成的危害比抽烟还要严重，长期孤独对寿命的影响等同于抽烟，孤独的老年人出现痴呆症的概率会翻番。

很多研究表明，随着老年人社交的隔离和孤立，他们出现抑郁症等心理健康问题的风险会急剧增加。例如，波尔图大学的研究人员对1000名65岁以上的老人进行了评估，发现他们出现心理问题的最可靠预测就是孤独感。光是不知道邻居的姓名，就会提高出现抑郁症的可能性。类似地，伦敦大学的研究人员对2600名65岁以上的老人进行了评估，发现其中15%的人有社交隔离的危险，这和抑郁情绪以及多种健康问题有关。所以，难怪社交疗法是治疗抑郁症的一种有效方法。

孤独者和不孤独者对压力的看法是有所不同的。孤独会削弱人抵抗压力的韧性，这是指一个人应对压力的水平，以及从压力中恢复的能力。与不孤独者相比，孤独者往往会感受到更大的压力、更严重的困难，提升的潜力更小。孤独感增加了整体的压力负担，使人在衰老的同时，承压韧性更弱。

社交的化学信号

良好的人际关系还会从**神经化学**的角度激活你的社交网络，让你感到舒适，使你保持冷静，令你情绪高昂。如果这些神经递质、神经调质和神经激素不够充裕，你就会感到紧张、忧郁，而且更容易生病，这就是将积极的人际关系称为社交药物的原因之一。类似催产素这样的神经激素，不只与生孩子和母婴关系有关。催产素是下丘脑分泌的一种神经肽，由脑垂体释放到血液中。制造抗利尿激素的基因与制造催产素的基因相邻，它们像一对兄弟，起到相互对抗的效果。但是催产素在男性和女性体内都存在，而抗利尿激素主要存在于男性体内，抗利尿激素是同理心神经系统的一部分，与警惕性的提高和情绪觉醒有关。

女性的催产素往往更多，当她变老时，需要的催产素就更多。尽管女性分泌的催产素一般比男性多，但是将催产素喷入男性鼻孔之后，他们推断他人情感和心理状态的能力也会变强。男性接触的人需要比女性多两到三倍，才能保持与女性相同的催产素水平。在瑞士的一项研究中，研究人员把催产素喷入男性鼻孔然后让他们交出钱来，并承诺会把钱还给他们。研究表明，在被喷入催产素之后，人们确实更愿意向陌生人交出大额金钱。

催产素能够对自主神经系统的副交感系统分支产生积极影响，让你放松下来，感到平静，而交感神经系统过度活跃时，会让你感到焦躁不安。想想这样一种感觉：你在度过紧张的一天之后，从爱人那里得到了一个热情的拥抱。在被爱人拥抱20秒之后，你的大脑就会开始分泌催产素。

这些社交大脑网络的性别差异，会影响我们交际、应对紧张压力的方式。在遇到紧张压力的时候，催产素的分泌量往往会增加，这是由雌性激素调节的。对于女性来说，这是需要寻找社会交际的信号，而男性在遇到压力的时候更少使用社会交际。面对紧张压力，女性一般会做出照顾和帮助的反应，而男性却会做出搏斗或逃跑的反应。

社交大脑网络对一个人形成良好的感觉很重要。如果你不参与社交活动，不仅会错过它们所能带来的很多益处，甚至还会遭受挫折。例如，一个人遭到了爱人的拒绝，就会产生强烈的挫败感，多巴胺的分泌也会急剧下降。与坠入情网的醉人经历相反，在多巴胺水平较高时，它的下降会让人感到迟钝、难以专注。此外，被拒绝会激活你的杏仁核，使你更加焦虑不安。

你接收到的社交滋养越少，你的社交大脑的衰竭和僵化就越严重。五分之一的美国人有过孤独的经历，正如前面所介绍的，孤独是一个重要的健康隐患，它对人体健康的长期影响甚于抽烟。滋养你的社交大脑网络，需要你走出自己习惯的舒适区，走进新的舒适区。

世界那么大，我要去看看

美国生物学家马克·罗兹维格在 20 世纪 60 年代进行过一项实验，他把同一批老鼠分为三组：第一组放在普通铁笼里，作为参照组；第二组养在光线昏暗、三面不透明的笼子里，作为贫乏环境组；第三组养在一个宽敞明亮的笼子里，光线充足，还有各种像秋千、木梯之类的玩具，作为丰富环境组。

经过几个月的观察，马克·罗兹维格发现，丰富环境组（第三组）的老鼠机灵好动，贫乏环境组（第二组）的老鼠呆滞木讷。科研人员将老鼠的大脑解剖后发现，第三组老鼠的大脑皮层在厚度、蛋白质含量、细胞大小等方面都比其他两组老鼠要好。

人类的大脑也是一样的，接触丰富的环境、处理不同的事情、跟不认识的人打交道，都可以让大脑保持活力。

我就非常喜欢旅行。我去过奥地利、美国、德国、泰国、韩国等不同的国家，学习用不同国家的语言从 1 数到 10，用不同的语言说"您好""谢谢""再见""厕所在哪里"；在维也纳聆听天籁般的音乐，在硅谷"打卡"掩映在绿树丛中的高科技巨头，在莱茵河畔凝视德意志民族的骄傲，在芭提雅体验浪漫的自然风光，在明洞品尝美味的韩国烤肉。我很高兴地告诉大家，旅行能够促进大脑健康，让我们离开自己熟悉的舒适区，要求我们适应新环境，我们必须和说着陌生语言的人交流，根据不熟悉的信息做出复杂决策。所以，世界那么大，大家多去看看吧。

美国《国家地理》杂志曾评选出世界上最值得去的50个地方（可能有不同的版本），请在未来几年里你计划要去的地方前面打钩。

- ☐ 肯尼亚（东非）马赛马拉的野生动物保护区
- ☐ 美国佛罗里达州（美国南部）
- ☐ 马尔代夫（南亚印度洋上）
- ☐ 埃及（地跨亚非两洲，大部分位于非洲东北部）
- ☐ 尼亚加拉瀑布（位于加拿大安大略省和美国纽约州的交界处）
- ☐ 墨西哥玛雅古迹
- ☐ 美国科罗拉多大峡谷（位于美国西部亚利桑那州的凯巴布高原上）
- ☐ 夏威夷
- ☐ 东方之珠——中国香港
- ☐ 中国的长城
- ☐ 澳大利亚的大堡礁（是世界最大、最长的珊瑚礁群，大堡礁位于澳大利亚东北部）
- ☐ 新西兰的南岛（南岛是组成新西兰的两个主要海岛之一，与北岛被库克海峡隔断）
- ☐ 好望角（非洲西南端的岬角）
- ☐ 金庙（位于印度边境城市阿姆利则）
- ☐ 拉斯维加斯（美国内华达州最大的城市，赌城）
- ☐ 悉尼
- ☐ 印度泰姬陵
- ☐ 落基山脉

- ☐ 澳大利亚艾尔斯岩
- ☐ 秘鲁印加遗址
- ☐ 约旦佩特拉城
- ☐ 威尼斯
- ☐ 赞比亚与津巴布韦接壤处的维多利亚瀑布
- ☐ 美国约塞米蒂国家公园
- ☐ 新西兰的奥克兰
- ☐ 巴西伊瓜苏大瀑布
- ☐ 巴黎
- ☐ 阿拉斯加
- ☐ 柬埔寨的吴哥窟
- ☐ 喜马拉雅山
- ☐ 巴西里约热内卢
- ☐ 厄瓜多尔的加拉帕戈斯群岛
- ☐ 埃及路克索神庙
- ☐ 罗马
- ☐ 旧金山
- ☐ 巴塞罗那
- ☐ 迪拜
- ☐ 新加坡
- ☐ 塞舌尔的拉迪格岛
- ☐ 斯里兰卡
- ☐ 曼谷
- ☐ 巴巴多斯岛
- ☐ 冰岛
- ☐ 中国西安的兵马俑

- ☐ 瑞士策马特峰
- ☐ 委内瑞拉天使瀑布
- ☐ 埃及阿布辛贝神庙
- ☐ 巴厘岛
- ☐ 埃及金字塔
- ☐ 纽约

下篇
基于脑科学的多元智能培训新技术

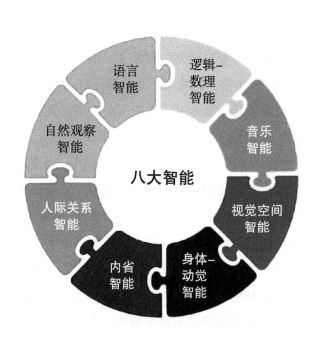

"多元智能理论"之父——霍华德·加德纳

霍华德·加德纳是世界著名的教育心理学家,最为人知的成就是"多元智能理论",被誉为"多元智能理论"之父。现任美国哈佛大学教育研究生院心理学、教育学教授,波士顿大学医学院精神病学教授。任哈佛大学"零点项目"研究所主持人,专著超过20部,发表论文数百篇。《纽约时报》称他为美国当今最有影响力的发展心理学家和教育学家。

1967年,美国在哈佛大学教育研究生院创立"零点项目",由美国著名哲学家戈尔曼主持。"零点项目"的主要任务是研究在学校中加强艺术教育,开发人脑的形象思维问题。自此以后的20年间,美国对该项目的投入上亿美元,参与研究的科学家、教育家超过百人,他们先后在100多所学校做实验,有的人从幼儿园开始连续进行20多年的跟踪对比研究,出版了几十部专著,发表了上千篇论文。多元智能理论就是这个项目在20世纪80年代的一个重要成果。

霍华德·加德纳教授在参与此项研究的过程中,首先重新考察了大量的、迄今没有相对联系的资料,即关于神童、脑损伤病人、有特殊技能而心智不全者、正常儿童、正常成人、不同领域的专家以及各种不同文化中个体的研究。通过对这些研究资料的分析、整理,加德纳提出了自己对智力的独特理论观点。基于多年来对人类潜能的大量实验研究,加德纳在1983年出版的《智能的结构》一书中,首次提出并着重论述了他的多元智能理论的基本结构,并认为支撑多元理论的是个体身上相对独立存在着的、与特定的认知领域或知识范畴相联系的八种智能,这些为多元智能理论奠定了理论基础。

加德纳认为我们每个人都拥有八种主要智能:语言智能、逻辑-数理智能、视觉空间智能、身体-动觉智能、音乐智能、人际关系智能、内省智能、自然观察智能。他提出了"智能本位评价"的理念,扩展了学生学习评估的基础；他主张"情景化"评估，改正了以前教育评估的功能和方法。加德纳的多元智能理论是对传统的"一元智能"观的强有力挑战，给人以耳目一新之感。尤其是当前在新课程改革中，大部分教师对学生评价颇感困惑之时，他的理论无疑会给我们诸多启示。

加德纳认为过去对智能的定义过于狭窄，未能正确反映一个人的真实能力。他认为，人的智能应该是一个量度他的解题能力（ability to solve problems）的指标。根据这个定义，他在《智能的结构》这本书里提出，人类的智能至少可以分成七个范畴（后来增加至八个）：

- 语言智能
- 逻辑-数理智能
- 视觉空间智能
- 身体-动觉智能
- 音乐智能
- 人际关系智能
- 内省智能
- 自然观察智能（加德纳在1995年补充）

这八个范畴的内容简介如下。

1. 语言智能

语言智能主要是指有效地运用口头语言及文字的能力，即指听说读写能力，表现为个人能够顺利而高效地利用语言描述事件、表达思想并与人交流的能力。语言智能在作家、演说家、记者、编辑、节目主持人、播音员、律师等职业上有更加突出的表现。

2. 逻辑-数理智能

从事与数字有关工作的人特别需要这种有效运用数字和推理的智能。他们学习时靠推理来进行思考，喜欢提出问题并执行实验以寻求答案，寻找事物的规律及逻辑顺序，对科学的新发展有兴趣。即使是他人的言谈及行为，也能成为他们寻找逻辑缺陷的好素材，他们对可被测量、归类、分析的事物比较容易接受。

3. 视觉空间智能

视觉空间智能要求人对色彩、线条、形状、形式、空间及它们之间关系的敏感性很高，感受、辨别、记忆、改变物体的空间关系并借此表达思想和情感的能力比较强，表现为对线条、形状、结构、色彩和空间关系的敏感以及通过平面图形和立体造型将它们表现出来的能力。擅长空间智能的人能准确地感觉视觉空间，并把所知觉到的表现出来。这类人在学习时是用意象及图像来思考的。空间智能可以划分为形象的空间智能和抽象的空间智能两种能力。形象的空间智能为画家的特长。抽象的空间智能为几何学家的特长。建筑学家对形象的空间智能和抽象的空间智能都擅长。

4. 身体－动觉智能

身体－动觉智能是指善于运用整个身体来表达想法和感觉，以及运用双手灵巧地生产或改造事物的能力。这类人很难长时间坐着不动，喜欢动手建造东西，喜欢户外活动，与人谈话时常用手势或其他肢体语言。他们学习时是通过身体感觉来思考的。

身体－动觉智能主要是指人调节身体运动及用巧妙的双手改变物体的技能，表现为能够较好地控制自己的身体，对事件能够做出恰当的身体反应以及善于利用身体语言来表达自己的思想。运动员、舞蹈家、外科医生、手艺人都有这种智能优势。

5. 音乐智能

音乐智能主要是指人敏感地感知音调、旋律、节奏和音色等的能力，表现为个人对音乐节奏、音调、音色和旋律的敏感，以及通过作曲、演奏和歌唱等表达音乐的能力。这种智能在作曲家、指挥家、歌唱家、乐师、乐器制作者、音乐评论家等人员那里都有出色的表现。

6. 人际关系智能

人际关系智能是指有效地理解别人及其关系，以及与人交往的能力。这种智能包括四大要素：①组织能力，包括群体动员与协调能力。②协商能力，指仲裁与排解纷争能力。③分析能力，指能够敏锐察知他人的情感动向与想法，易与他人建立密切关系的能力。④人际联系，指对他人表现出关心、善体人意、适于团体合作的能力。

7. 内省智能

内省智能主要是指认识到自己的能力，即正确把握自己的长处和短处，把握自己的情绪、意向、动机、欲望，对自己的生活有规划，能自尊、自律，会吸收他人的长处。有这种智能优势的人会从各种回馈渠道中了解自己的优劣势，常静思以规划自己的人生目标，爱独处，以深入自我的方式来思考。这类人还喜欢独立工作，有自我选择的空间。内省智能在优秀的政治家、哲学家、心理学家、教师等人员那里都有出色的表现。

8. 自然观察智能

自然观察智能是指认识植物、动物和其他自然环境（如云和石头）的能力。自然观察智能强的人，在打猎、耕作、生物科学上的表现较为突出。自然观察智能应当进一步归结为探索智能，包括对社会的探索和对自然的探索两个方面。

下文将详细讨论每种智能的特征、在培训中的运用，以及培训师如何发展学员的多种智能。

第四章

语言智能的开发与应用

语言智能是指有效地运用口头语言或文字表达自己的思想并理解他人，灵活掌握语音、语义、语法，具备用言语进行思维、用言语表达和欣赏语言的深层内涵并运用自如的能力。

在人的成长过程中，语言是最重要的一个条件，没有语言，人们就无法表达自己的思想，难以与他人沟通，难以参与社会活动。

就人的智能而言，语言智能是关键，如果没有语言智能，那么智能的发展是不可能的。加德纳认为，语言智能就是人们运用语言的能力。语言智能的核心就是语言的口头运用能力、语言的记忆潜力和语言的解释能力。

简单地说，语言智能是指用语言进行思维，用语言表达自己的认识、感受、情感和欣赏语言深层次内涵等方面的能力。既然称之为智能，就必须包含个体的理解和创造的成分，如果仅仅是对语言文字使用时的模仿、复制和照搬，没有使用者个人的理解和创造，就不能称之为语言的"智能"。

在语言智能方面表现出强项的往往是作家、诗人、记者、演说家、培训师和节目主持人等，他们不仅表现出了很强的运用语言的能力，而且在运用语言的过程中，他们的语言包含着较多的个体创造性成分。

古今中外语言智能优越的代表人物有很多，比如大家都很熟悉的莎士比亚、曹雪芹、孔子、李白等，毋庸置疑，语言智能是他们的优势智能，他们充分发挥了自己的优势，通过写作传播自己的思想，写出了不朽的著作流传千古。现如今，人们更多是运用语言来表达自己的观点。活跃在荧屏和媒体上的主持人、演说家，比如白岩松、水均益、马东等人，充分发挥了自己的语言智能，通过主持节目、发表演说，成为对公众有影响力的人。

培训师这个职业当然也需要高超的语言智能，那么培训师的语言智能应该有什么样的特征呢？本人结合多年的培训经验，以及跟业内众多培训师的交流，总结了两句话，共八个字：先见后言，善用隐喻。"见"是指见解独到，"言"是指言之有据。先有独到的见解，再条理清楚地讲解，这是培训师的基本功，如果能用上隐喻，则"甚善"。

优秀培训师语言智能的第一定律：先见后言，善用隐喻

见解独到

培训师不能人云亦云，必须有自己独到的见解，才能对学员有启发。所谓"独到"，就是能看到别人看不到的本质，说出别人说不出的内涵。《孙子兵法》有云："见胜不过众人之所知，非善之善者也；战胜而天下曰善，非善之善者也。故举秋毫不为多力，见日月不为明目，闻雷霆不为聪耳。"这段话的意思是，能预见显而易见的胜利，算不上懂兵法；经过战争而夺取胜利，博得天下人的称赞，也不能算是真正的胜者。这就好比举起枯叶秋草算不上气力大，看见日月之光算不上眼神好，听见雷霆之声算不上耳朵灵。

《战国策·冯谖客孟尝君》记载了这样的一个典故，就说明了见解独到的重要性。

> 齐人有冯谖者，贫乏不能自存，使人属孟尝君，愿寄食门下。孟尝君曰："客何好？"曰："客无好也。"曰："客何能？"曰："客无能也。"孟尝君笑而受之曰："诺。"这段对话的意思是，齐国有一个叫冯谖的人，因为太穷而不能养活自己。他便托人告诉孟尝君，表示愿意在孟尝君的门下寄居为食客。孟尝君问他有什么擅长的。他回答说没有什么擅长的。孟尝君又问他有什么本事，他回答说也没有什么本事。孟尝君听后笑了笑，但还是接受了他。这样一个无好无能的人，孟尝君也让他在孟府白吃白喝。后来还发生了他三次弹铗而歌要求提高待遇的事，孟尝君也一一满足了。
>
> 一天，孟尝君拿出记事的本子来询问自己的门客："谁熟习会计的事？"冯谖在本子上署了自己的名，并签上一个"能"字。孟尝君见了名字感到很惊奇，问："这是谁呀？"左右的人

说："就是唱'长铗归来'的人。"孟尝君笑道："这位客人果真有才能，我亏待了他，还没见过面呢！"孟尝君立即派人请冯谖来相见，当面赔礼道："我被琐事搞得精疲力竭，被忧虑搅得心烦意乱，加之我懦弱无能，整天埋在国家大事之中，以致怠慢了您，而您却并不见怪，倒愿意往薛地去为我收债，是吗？"冯谖回答道："愿意去。"于是他套好车马，整顿行装，载上契约票据动身了。辞行的时候冯谖问："债收完了，买什么回来？"孟尝君说："您就看我家里还缺什么吧。"冯谖赶着车到薛地，派官吏把该还债的百姓找来核验契据。核验完毕后，他假托孟尝君的命令，把所有的债款赏赐给欠债人，并当场把契据烧掉。百姓都高呼"万岁"。

冯谖赶着车，马不停蹄，直奔齐都，清晨就求见孟尝君。冯谖回得如此迅速，孟尝君感到很奇怪，立即穿好衣、戴好帽，去见他，问道："债都收完了吗？怎么回得这么快？"冯谖说："都收了。""买什么回来了？"孟尝君问。冯谖回答道："您曾说'看我家缺什么'，我私下考虑您官中积满珍珠宝贝，外面马房多的是猎狗、骏马，后庭多的是美女，您家里所缺的只不过是'仁义'罢了，所以我用债款为您买了'仁义'。"孟尝君道："买仁义是怎么回事？"冯谖道："现在您不过有块小小的薛邑，如果不抚爱百姓、视民如子，而用商贾之道向人民图利，怎么行呢？因此我擅自假借您的命令，把债款赏赐给百姓，顺便烧掉了契据，百姓欢呼'万岁'，这就是我用来为您买仁义的方式啊。"孟尝君听后很不爽地说："嗯，先生，算了（拉倒）吧。"过了一年，齐闵王对孟尝君说："我可不敢把先王的臣子当作我的臣子（意思是你滚蛋吧）。"孟尝君只好到自己的领地薛邑去，还差百里未到，薛地的百姓扶老携幼，都在路旁迎接孟尝君的到来。孟尝君见此情景，回头看着冯谖道："先生为我买的'义',今天我才见到作用(明白过来)啊。"

这个冯谖可能比较谦虚,一上来就说自己没有特别擅长的,也没有什么突出的本事,但是非常有远见,绝非只见"众人之所知"。上文写到冯谖帮孟尝君去薛地收债,出发之前问:

"责毕收,以何市而反?"意思是"我收完了债,可以帮您买点什么回来?"

孟尝君曰:"视吾家所寡有者。"孟尝君回答得也特别艺术,"您就看我家里还缺什么吧。"当然也可能是孟尝君自负,觉得自己要什么有什么,还能缺什么!

冯谖等的就是这句话。他居然敢假借孟尝君的命令,把所有的契据都烧掉,然后把"仁义"买回来。如果换作他人,可能讨好孟尝君还来不及,但是冯谖见解非凡、目光长远,唯独他意识到孟尝君什么都不缺,独独缺少"仁义",哪怕这个仁义的作用要在遥远的几年之后才发挥作用。这就是一个优秀人才跟普通人才之间的差距,这个差距就是能否见人所未见。

再来看一个现代的例子,德鲁克先生在《创新与企业家精神》一书中记录了一个非常有意思的案例:

德鲁克先生的第一份工作是在一家历史悠久的出口公司当实习生,这家公司向英属印度出口五金产品已有100多年历史了。一直以来,它最畅销的产品是一种便宜的挂锁,每个月都要出口一整船这样的挂锁。这种挂锁不太牢靠,用一枚别针就可以轻易地将它打开。在20世纪20年代,印度人的收入不断增加,这种挂锁的销售开始急剧下降,而且速度惊人。

老板于是做了一件顺理成章的事:他重新设计了挂锁,使它更牢靠,也就是使它的"质量更好一些"。这种改变所增加的成本微不足道，质量却大为改观。但是改良后的挂锁依然卖不出去。四年后，这家公司被迫停产清算，宣告破产，而挂锁生意在印度市场的失利是造成它破产的主要原因。

这家公司曾经有一个规模很小的竞争对手，它的规模不到该公司的1/10，当时几乎无法继续生存。这家小公司意识到，老式挂锁的失败其实是一种根本变化的征兆。对于居住在乡村的大多数印度人来说，挂锁是一种神秘的象征，没有小偷胆敢开这种锁，因此钥匙从未派上过用场，而且常常丢失。如此一来，得到一把没有钥匙就很难轻易打开的挂锁，实在是一种灾难而不是恩赐。

然而，居住在城市、为数不多但发展迅速的中产阶级需要真正的锁。老式挂锁不够牢靠，是它开始失去客户和市场的主要原因。而重新设计改进后的锁，对他们而言，仍然不太适合。

这家公司的竞争对手于是将挂锁分成两种不同的产品：其中一种没有锁头和钥匙，只有一个简单的拉栓，其售价只是老式挂锁的1/3，但利润是后者的2倍；另外一种非常牢固，配3把钥匙，其售价是老式挂锁的2倍，而且利润也远远大于后者。这两种产品马上就被市场接受。在短短2年之内，这家公司的竞争对手就成为向印度出口五金产品的最大的欧洲公司。它维持这一地位长达10年之久，直到第二次世界大战爆发才终止了对印度的出口。

在这个案例中，一家公司只看到表面现象，并把这个表象当作原因，想当然地做出调整，结果是灾难性的。另一家公司看到了表象背后的内在逻辑，找到真正的原因，做出针对性的动作，取得了完全相反的效果。无论是在政治上还是在商业上，无论是大人物还是小人物，透过现象看到本质都是一种非常难得的能力，大可安邦、小可兴企。

作为培训师，不能在课堂上为了讨好学员而只说学员喜欢听的话，不敢说出自己的观点。恰恰是你独到的见解（当然首先要有），能给学员带来恍然大悟的启发。所以，作为培训师，在台上讲课要先"见"后"言"，即要先有独到的见解，不人云亦云，再谈如何"言"这个见解。如何"言"呢？答案是要做到"言之有据"。

言之有据

《战国策·赵策》记载了"触龙说赵太后"的故事。

赵太后刚刚执政，秦国就急忙进攻赵国。赵太后向齐国求救。齐国说："一定要用长安君来做人质，才能派出援兵。"赵太后不肯答应，大臣们极力劝谏。太后公开对左右近臣说："有谁敢再说让长安君去做人质，我一定朝他脸上吐唾沫！"

左师触龙希望去见太后。太后气冲冲地等着他。触龙做出快步走的姿势，慢慢地挪动脚步，到了太后面前谢罪说："老臣脚有毛病，竟不能快跑，很久没来看您了。我私下宽恕自己，又总担心太后的贵体有什么不舒适，所以想来看望您。"太后说："我全靠坐辇走动。"触龙问："您每天的饮食该不会减少了吧？"太后说："吃点儿稀粥罢了。"触龙说："我近来很不想吃东西，自己却勉强走走，每天走上三四里，就慢慢地稍微增加了点儿食欲，身上也比较舒适了。"太后说："我做不到。"太后的怒色稍微消解了些。

左师公说："我的儿子舒祺，年龄最小，不成才；而我又老了，私下疼爱他，希望能让他递补上黑衣卫士的空额，来保卫王宫。我冒着死罪禀告太后。"太后说："可以。年龄多大了？"触龙说："十五岁了。虽然还小，但我希望趁自己还没入土就托付给您。"太后说："你们男人也疼爱小儿子吗？"触龙说："比妇女还厉害。"太后笑着说："妇女更厉害。"触龙回答说："我私下认为，您疼爱燕后就超过了疼爱长安君。"太后说："您错了！不像疼爱长安君那样厉害。"左师公说："父母疼爱子女，就得为他们考虑长远些。您送燕后出嫁的时候，紧跟在她身后为她哭泣，想起她嫁到远方就伤心，也确实够悲哀的了。她出嫁以后，您也并不是不想念她，可您祭祀时，一定为她祝告说：'千万不要被赶回来啊。'难道这不是为她做长远打算，希望她生育子孙，一代一代地做国君吗？"太后说："是这样的。"

左师公说："从这一辈往上推到三代以前，一直到赵国建立的时候，赵王被封侯的子孙的后继人有还在的吗？"赵太后说："没有。"触龙说："不光是赵国，其他诸侯国被封侯的子孙，他们的后人还有在的吗？"赵太后说："我没听说过。"左师公说："他们当中祸患来得早的就降临到自己头上，祸患来得晚的就降临到子孙头上。难道国君的子孙就一定不好吗？这是因为他们地位高而没有功勋，俸禄丰厚而没有劳绩，占有的珍宝却太多了啊！现在您把长安君的地位提得很高，又封给他肥沃的土地，给他很多珍宝，而不趁现在这个时机让他为国立功，您百年之后，长安君凭什么在赵国站住脚呢？我觉得您为长安君打算得太短了，因此我认为您疼爱他不如疼爱燕后。"太后说："好吧，任凭您指派他吧。"

于是触龙就替长安君准备了一百辆车子，送他到齐国去做人质。齐国的救兵才出动。

言之有据的"据"就是依据、证据、论据，就是要证明你所说的观点。触龙的观点是"父母之爱子，则为之计深远"，分别从自己的儿子舒祺、太后的女儿燕后、诸侯国君的受封子孙三个方面来论证自己的观点，最后让固执的赵太后同意送自己的小儿子长安君做人质，换来齐国的救兵。整个过程分成三个步骤，先是寒暄铺垫，问问太后的身体和饮食情况，再是换位思考，说自己一个男人也很疼爱小儿子，最后抛出"王炸"——**岂人主之子孙则必不善哉？位尊而无功，奉厚而无劳，而挟重器多也。**"王炸"一出，赵太后只好投降，这个"王炸"真是论据中的"战斗机"！

培训师授课的难度应该比左师触龙说服赵太后的难度要小，毕竟触龙要说服的对象是太后，要劝服的事是让人家把儿子送出去当人质。即便如此，培训师也要言之有据、言之有物，否则一样难以改变学员的想法，难以让学员相信你的观点。

善用隐喻

《战国策·魏策四》记载了季梁谏魏征邯郸的故事。

魏王欲攻邯郸，季梁闻之，中道而反，衣焦不申，便有致头不去，往见王曰："今者臣来，见人于大行。方北面而持其驾，告臣曰：'我欲之楚。'臣曰：'君之楚，将奚为北面？'曰：'吾马良。'臣曰：'马虽良，此非楚之路也。'曰：'吾用多。'臣曰：'用虽多，此非楚之路也。'曰：'吾御者善。'此数者愈善，而离楚愈远耳。"

故事说的是，魏王想攻打赵国，季梁劝他说："我今天来上朝的时候，在大路上遇到一个赶着车向北走的人，告诉我说：'我要去楚国。'我问他：'你要去楚国，为什么要向北呢？'他说：'我的马好。'我说：'您的马虽然好，但这不是去楚国的路啊！'他又说：'我的路费很充足。'我说：'您的路费虽然多，但这不是去楚国的路啊！'他又说：'给我驾车的人本领很高。'他不知道的是，方向错了，赶路的条件越好，离楚国的距离就会越远。"

现在大王动不动就想称霸诸侯，办什么事都想取得天下的信任，仰仗自己的国家强大、军队精锐而去攻打邯郸，想扩展地盘抬高声威,殊不知您这样的行动越多,距离统一天下为王的目标就越远,这正像要去楚国却向北走的行为一样啊!

这个南辕北辙的故事在中国应该家喻户晓,用的就是隐喻的手法。何为隐喻?隐喻是一种比喻,用一种事物暗喻另一种事物,但是比明喻更加灵活、形象。"欲把西湖比西子,浓妆淡抹总相宜"是明喻,"明月几时有,把酒问青天,不知天上宫阙,今夕是何年"是隐喻。隐喻是在彼类事物的暗示之下感知、体验、想象、理解、谈论此类事物的心理行为、语言行为和文化行为。

隐喻是一种高超的语言智能,巧妙地使用隐喻,对表现手法的生动、简洁、加重、强化等方面都将起到重要作用。在《战国策》里,这样的隐喻比比皆是,往往是隐喻一出,难题迎刃而解。比如《战国策·燕策》记载了鹬蚌相争的故事:

> 赵且伐燕,苏代为燕谓惠王曰:"今者臣来,过易水,蚌方出曝,而鹬啄其肉,蚌合而箝其喙。鹬曰:'今日不雨,明日不雨,即有死蚌!'蚌亦谓鹬曰:'今日不出,明日不出,即有死鹬!'两者不肯相舍,渔者得而并禽之。今赵且伐燕,燕、赵久相支,以弊大众,臣恐强秦之为渔夫也。故愿王之熟计之也!"惠王曰:"善。"乃止。

这段文字浅显易懂,几近白话,而且寓意深远,赵王一听就懂了。又如《晏子使楚》:

> 晏子至,楚王赐晏子酒,酒酣,吏二缚一人诣王。王曰:"缚者曷为者也?"对曰:"齐人也,坐盗。"王视晏子曰:"齐人固善盗乎?"晏子避席对曰:"婴闻之,橘生淮南则为橘,生于淮北则为枳,叶徒相似,其实味不同。所以然者何?水土异也。今民生长于齐不盗,入楚则盗,得无楚之水土使民善盗

耶？"王笑曰："圣人非所与熙也，寡人反取病焉。"

晏子机智地运用隐喻的方式反击楚王，化解了尴尬的局面。

作为培训师，掌握语言智能，既可以让课堂生动有趣，又能引导学员深入思考。

优秀培训师语言智能的第二定律：随机应变，幽默诙谐

随机应变，幽默诙谐

讲课毕竟是一种现场的艺术，不可能每一句话都提前准备好，不可能每一种情况都提前预料到，所以培训师急中生智、随机应变的能力就非常重要。培训师除了要做到"先见后言、言之有据"，还需要训练出"随机应变、幽默诙谐"的能力，通过幽默诙谐化解一些突发的、尴尬的事件，营造生动活泼的课堂氛围。

培训师常用的幽默方式有自嘲、双关、急转三种，但是千万不能贬低他人抬高自己，不能尖酸刻薄挖苦打击，不能低级趣味庸俗搞怪。

幽默大师马克·吐温曾说，一个好的幽默故事的重要特征包括：

1）一个幽默的故事是严肃地讲的，好像没有什么好笑的（即一本正经地胡说八道）；

2）故事讲得漫无边际，而重点却"含糊不清"（即故意雷声大，雨点小）；

3）一个"经过深思熟虑的评论"是在不知不觉中说出来的，"就像一个人在大声思考"。

停顿在任何类型的故事中都是非常重要的特征，也是经常出现的特征。因为它的长度必须准确无误，不多也不少，否则它就会偏离目的，制造麻烦。如果停顿时间太短，令人印象深刻的观点就会过去，只要停顿的时间恰当，观众就有时间猜测出一个惊喜是有意为之的——当

然，你也不能让他们感到意外。

自嘲，是自己嘲笑、讽刺自己的一种策略，也是为人处世的一种方法。能自嘲的人必然是智者中的智者、高手中的高手，因为它要人自己骂自己，也就是要拿自身的失误、不足甚至生理缺陷来"开涮"。自嘲不会伤害谁，最为安全。你可用自嘲来活跃谈话气氛，消除紧张；在尴尬中自找台阶，保住面子；在公共场合获得人情味。

丘吉尔是自嘲的高手。1922年，他因为做了阑尾切除手术，不能进行他所擅长的讲演，结果竞选失败。他说："转眼之间，我发现自己失去了职务，失去了党派，失去了席位，甚至还失去了阑尾。"他的朋友们本来情绪还很沉闷，但让他这样一说都轻松了起来。到了1945年第二次世界大战结束，丘吉尔任首相的战时内阁必须解散，重新大选。原本信心满满的丘吉尔却在大选中惨败。带领英国人民走向胜利的丘吉尔被抛弃了，于是他引用古希腊作家普鲁塔克的话，"对他们的伟大人物忘恩负义，是伟大民族的标志"，让竞选盟友们的心情一扫阴霾。

双关，是指在一定的语言环境中，利用词的多义或同音的条件，有意使语句具有两种意思，言在此而意在彼。双关表达方式往往能带来意想不到的作用。以下是幽默大师马克·吐温的故事。

有一回，马克·吐温向邻居借阅一本书，邻居说："可以。但我定了一条规则——从我的图书室借去的图书必须当场阅读。"一星期后，这位邻居向马克·吐温借用割草机，马克·吐温笑着说："当然可以，毫无问题。不过我也定了一条规则——从我家里借去的割草机只能在我家的草地上使用。"

马克·吐温收到一位初学写作的青年的来信。写信人对这样一个问题颇感兴趣：听说鱼骨中含有大量的磷质，而磷可以补脑，那么要成为一个举世闻名的大作家，就必须吃很多的鱼才行，不知道这种说法是否符合实际。他问马克·吐温："您是否吃了很多的鱼，吃的又是哪种鱼？"

马克·吐温回信说："那要吃掉一条鲸鱼。"

急转，类似脑筋急转弯，通过意想不到的表达方式，得到情理之中的答案，让人回味无穷。比如，我国著名作家老舍先生在某市的一次演讲中，开头即说"我今天给大家谈六个问题"，接着他从第一、第二、第三、第四、第五，井井有条地谈下去。谈完第五个问题时，他发现离散会的时间不多了，于是他提高嗓门，一本正经地说："第六，散会。"听众起初一愣，但马上就会心地鼓起掌来。

既不能为了幽默而贬低他人抬高自己，也不能尖酸刻薄挖苦打击，这样做的人往往会搬起石头砸在自己的脚上，比如下面的两则例子：

一次，马克·吐温应邀赴宴。席间，他对一位贵妇说："夫人，你太美丽了！"不料那妇人却说："先生，可是遗憾得很，我不能用同样的话回答你。"头脑灵敏、言辞犀利的马克·吐温笑着回答："那没关系，你也可以像我一样说假话。"

萧伯纳为庆贺自己新剧本的演出，特发电报邀请丘吉尔看戏："今特为阁下预留戏票数张，敬请光临指教，并欢迎你带友人来，如果你还有朋友的话。"丘吉尔立即复电："本人因故不能参加首场公演，拟参加第二场公演，如果你的剧本能公演两场的话。"

优秀培训师是如何点评的

作为培训师，需要经常点评、反馈学员的发言、练习、课堂作业，那么点评时用的语言跟讲课时的语言有哪些不同呢？我根据多年的经验总结了以下四种点评的方法。

转换角色法

当你给学员反馈意见的时候，发现学员并不认同你的意见，这时不要着急，可以把自己的角色从培训师的身份转换成学员的身份，从学员的角度给予反馈。比如，可以这样说："我把自己当成你（被反馈者）的学员，我的感受是……"转换角色法是先说感受，再说建议。

有一次，我在一家企业做内训师大赛的评委，台上的内训师讲完后，我发现他的课程的受训对象很模糊。他的课程既像是对内部新员工做产品知识的培训，又像是对客户讲解公司新产品的培训。当时我的反馈就是："你讲的内容非常好，但是当我把自己作为受训对象时，我感觉你既希望我掌握产品知识，又希望我购买你们家的产品，你能不能再厘清一下？"这种方式既不会给被反馈者太大的压力，又能启发他的思考。

夸奖他人法

如果一次被反馈的对象比较多，且其中又有发挥得特别好的学员，就可以通过夸奖其中的佼佼者，让其他被反馈者从这些佼佼者身上学习。这样做就能一箭双雕，既夸奖了表现好的学员，又激发了其他学员的学习动力和内部的良性竞争。营造良性竞争的学习氛围很重要，学员会想：他做得到的，我也能做到；我一定可以做得更好，等等。

内训师一般在教学互动方法的设计上不太擅长，多数偏重讲授，特别是讲授技术类的课程。但是一个班里总会有一两个学员在互动设计上做得比较出彩，这时就可以通过夸奖这两个表现出众的学员，号召大家向他们取经，一般来说效果都不错，再也不会有"技术性课程没法互动"之类的声音。

重点回放法

重点回放法是指培训师先把学员讲的重点内容进行回放，再进行反馈点评，这样的效果比直接进行反馈点评要好。因为可以实现两个目的：一是互相确认一下，看大家理解的重点是否一致，免得因为理解上的误差，而让点评落在细枝末节上；二是重新回顾重点，可以加深印象，从而让点评的效果更好。

萃取提炼法

当学员的发言比较零散时，作为培训师，在点评之前，要帮学员进行内容的梳理和提炼。我曾经碰到一位内训师，他是大区销售经理，对销售很有心得，于是开发了一门内部销售课程，取名为"如何打大单之天龙八部"，讲授时间是 8 小时。这门课程看起来不错，内容也确实有他自己实际的很多销售经历、经验和案例。但是深究课程内容的话，我还是会觉得比较零散。为什么呢？因为他家的产品是工业品，不是普通百姓家里用的日用品，销售对象都是企业用户，但是他的课程内容中包含了大量的快消品销售技巧，既没有体现"大单"的特色，也没有体现"大客户"的特色，所以我给予他反馈之前，先梳理快消品和工业品销售的差异，然后建议把快消品的销售技巧和案例的内容去掉，萃取出工业品的销售技巧和案例。经过这样的提炼，整个内容精干实用，更加有针对性了。

如何发展学员的语言智能

培训师要以学员为中心，积极调动学员参与的积极性，通过设计一些教学活动，提高学员语言智能方面的听、说、读、写能力。

倾听	**听**	**说**	小组讨论、辩论大赛 访谈、讲故事
写卡片 创作诗歌、海报	**写**	**读**	阅读资料、书籍 卡片配对

听

现在听的资源非常丰富,各种有声读物,比如樊登读书会、喜马拉雅、得到等,大家可以充分利用开车、排队、坐飞机,甚至洗澡或上厕所的时间。正如"熟读唐诗三百首,不会作诗也会吟",多听对培训师积累素材、了解时局、扩充知识、开阔眼界都会有很大的帮助。所以,培训师在课堂上要鼓励学员多听。

说

1. 看图说故事

看图说故事可以很好地训练学员的语言智能。找一些含义丰富的图画(如下图),给学员 3~5 分钟的准备时间,然后让学员依次上台讲述一个故事,这个故事要跟图画有关联。在我的课堂上,曾经有个学员看着图片中的玫瑰,讲述了一个凄美的爱情故事,把大家都感动哭了。

2. 小组讨论+辩论大赛

某公司举办了一次中层管理干部训练营,其中设置的课程之一是关于人才的选育用留。理论学习已经对学员起不到作用,为了更好地帮助学员理解和掌握这个模块内容,培训师设计了一次案例教学。这个案例是关于"公司该任命谁做新经理"的。案例讲述了 A 公司销售部经理突然提出辞职,对于谁来接任新经理,有挽留旧任、外部空降、提拔下属等选择摆在面前,请学员根据已知信息选择方案。

学员拿到案例题目后，很快在小组内展开了热烈的讨论，每个人都畅所欲言，积极发表自己的看法和主张。经过一番激烈的研讨，小组内部先形成统一决议，明确主张。

讨论进行到这里，培训师继续加了一把火，让持相反观点的两个组组成正反双方（比如坚决主张挽留旧任和坚决主张不挽留旧任的两组），进行"辩论大赛"，给每组5分钟时间准备辩词。然后，正反双方进行辩论。其他组充当裁判并打分。老师最后予以总结，帮助正反双方澄清观点，得出关键结论。

解析： 很多培训师在课堂上已经很重视创造，让学员开口说话的机会，比较常用的做法有提问学员、组织小组讨论、两两互相讨论、与学习搭档交流等。

在这个案例中，在常规的小组讨论上做了一次升级，引入了"辩论大赛"的做法，在形式上更具竞争性、趣味性，学员的参与热情更高。更重要的是，辩论这种竞争对抗的形式，能加快学员的思考速度，对问题的认识会更有深度。同时，双方在辩论过程中思维碰撞，互相启发，往往能激发新的观点和想法。

让学员开口说话的方式方法有很多，培训师不应止步于提问、小组讨论，而是要引入更多创新的做法，让学员愿意想得更深、说得更多。

读

卡片配对法

某公司进行产品知识培训，这类培训的难点是怎么帮助学员快速记住产品知识。以往经常采用的方式是课前先发阅读材料，大家先预习，课堂上老师再讲一遍，最后设计一些填空、判断对错等测试题检验大家是否记住产品知识。这种方式的效果不是太好，对于很多知识点，学员当堂记得并不深刻，课后很容易就忘记了。为了加深记忆，就必须让学员在课堂上多次复习。

培训部设计了一套产品知识问与答的卡片，将重要知识点编成一个个题目，每张卡片写一个题目，并对应将题目的答案写在单独的卡片上。将这些卡片按题目和答案分成两堆，打乱顺序。

学员两两一组，一人负责从题目卡片中抽题，读出题目，另一人从答案卡片中找到答案，并读出答案。直至把所有的题目和答案读完一遍，两人交换卡片，重复以上步骤。

解析： 通过卡片配对游戏，学员获得了两次读答案的机会。开口朗读答案，可以帮助学员多次记忆，当堂形成深刻印象。两人一组进行卡片配对，克服了只是简单读教材的机械和枯燥，加入互动，激发了学员的兴趣，提高了他们的参与度。

写

写卡片、创作诗歌／海报

A公司培训师发现，无论气氛多活跃、互动效果多好的课堂，总有人发言多，有人发言少，也不排除个别人始终不发言的情况。有些学员确实是不喜欢、不习惯在人前说话，但不排斥把自己的想法和问题用书面方式表达。

此外，培训师还发现，大家虽然参与度很高，发表看法很积极，但是这些好的想法、好的问题说完很快就忘记了，没有保存和记录下来供大家再次学习和回顾，这是一种很大的浪费。

结合这两种情况，A公司培训师在培训中制定了一些改良措施。他准备了很多彩色卡片，发到每个小组，又在教室后面张贴了"感言树""问题停车场"两张海报。学员在课堂休息时间，可以把自己在课堂上的一些心得感受、遇到的问题写在卡片上，然后贴到后面的海报上。培训师可以针对学员写出来的问题和心得感受，在课堂上进行解答。

　　课程每个模块完成后，培训师还会要求学员写下对这个模块印象最深刻的一个知识点或收获最大的一个知识点。课程结束后，培训师会要求学员在卡片上写下课程结束以后的三个行动计划。除了写卡片这种形式，在课程结束后，培训师会请每组学员集体创作一首诗歌或者一幅海报，表达这次课程的学习感受和体会。

解析：不是所有的学员都擅长用说来表达感受、参与学习。除了发展学员说的技能，培训师也要因材施教，调动学员写的能力，让他们充分发挥所长，自由地表达自己的想法和创意。

　　本书从听、说、读、写四个方面所写的教学活动示例，只是给大家展示侧重一个方面的活动是如何设计和开展的。在实际教学活动中，很多活动都是综合调动学员语言智能的听、说、读、写四个方面，而不是单纯地就一个方面进行训练。

　　你还有其他好的教学活动吗？请写下来：

_____

_____

_____

第五章

逻辑 – 数理智能的开发与应用

在日常生活中,人们往往进行常识推理,而这种推理通常是不准确的。例如,你看见一个头发潮湿的人走进来,便认为外面下雨了,那你也许错了;你在公园里看到一男一女带着一个小孩,便认为他们是一家人,你可能也判断错误。在工作中,我们也需要进行科学合理的推理。但是,实际工作中的问题一般比较复杂,而且存在许多不确定性因素,这就给准确推理带来了很大的困难。

为了提高推理的准确性,人们引入了概率理论。最早由朱迪亚·珀尔(Judea Pearl)于1988年提出的贝叶斯网络(Bayesian Network)实质上就是一种基于概率的不确定性推理网络。它是用来表示变量集合连接概率的图形模型,提供了一种表示因果信息的方法。当时,贝叶斯网络主要用于处理人工智能中的不确定性信息。随后它逐步成为处理不确定性信息技术的主流,并且在计算机智能科学、工业控制、医疗诊断等领域的许多智能化系统中得到了重要的应用。

接下来我们复习一下曾经学过的贝叶斯定理。

贝叶斯定理

托马斯·贝叶斯（Thomas Bayes，1702—1761），18世纪英国数学家、数理统计学家和哲学家，概率论理论创始人，贝叶斯统计的创立者，"归纳地"运用数学概率、"从特殊推论一般、从样本推论全体"的第一人。

贝叶斯

贝叶斯公式发表于1763年。假定 A_1，A_2，…是某个过程的若干可能的前提，则 $P(A_i)$ 是人们事先对各前提条件出现可能性大小的估计，称为先验概率；如果这个过程得到了一个结果 B，那么贝叶斯公式提供了根据 B 的出现而对前提条件做出新评价的方法；$P(A_i|B)$ 即是对前提 A_i 的出现概率的重新认识，称 $P(A_i|B)$ 为后验概率或条件概率。经过多年的发展与完善，贝叶斯公式以及由此发展起来的一整套理论与方法，已经成为概率统计中的一个冠以"贝叶斯"名字的学派，在自然科学及国民经济的许多领域中有着广泛应用。

贝叶斯公式如下：

$$P(A_i|B) = \frac{P(B|A_i)P(A_i)}{\sum_{j=1}^{n} P(B|A_j)P(A_j)}$$

$P(A|B)$ 是在 B 发生的情况下 A 发生的可能性。

$A_1, \cdots, A_n$ 为完备事件组,即

$A_1 \cup A_2 \cup \cdots \cup A_i = \Omega$,$A_i \cap A_j = \varnothing$,$P(A_i) > 0$。

在贝叶斯定理中,每个名词都有约定俗成的名称:

$P(A)$ 是 A 的先验概率或边缘概率。之所以称为"先验"是因为它不考虑任何 B 方面的因素。

$P(A|B)$ 是已知 B 发生后 A 的条件概率,也由于得自 B 的取值而被称作 A 的后验概率。

$P(B|A)$ 是已知 A 发生后 B 的条件概率,也由于得自 A 的取值而被称作 B 的后验概率。

来看一个著名的红白球例子。现分别有 1#、2# 两个容器,在 1# 容器里分别有 7 个红球和 3 个白球,在 2# 容器里有 1 个红球和 4 个白球。现已知从这两个容器里任意抽出了一个红球,问:这个球来自 1# 容器的概率是多少?

我们凭直觉会知道来自 1# 容器的概率会比较大,但到底有多大,就需要借助严密的概率计算了。假设已经抽出红球为事件 B,选中 1# 容器为事件 A_1,选中 2# 容器为事件 A_2,则问题变为 $P(A_1|B)$ 等于多少。计算如下:

$$P(A_1|B) = \frac{P(B|A_1)P(A_1)}{\sum_{i=1}^{2} P(B|A_i)P(A_i)}$$

$$= \frac{\frac{7}{10} \times \frac{1}{2}}{\frac{7}{10} \times \frac{1}{2} + \frac{1}{5} \times \frac{1}{2}}$$

$$= \frac{7}{9}$$

强大的贝叶斯定理在进行商业预测时也很有用,它的强大之处在于可以根据后来发生的事件来调整之前的判断。我们来看看下面这个关

于垄断者 A 要不要阻击挑战者 B 进入市场的问题。

挑战者 B 不知道原垄断者 A 是属于高阻挠成本类型还是低阻挠成本类型，如果 A 的阻挠成本高，则 B 进入市场的机会就大；如果 A 的阻挠成本低，则 B 进入市场的机会就小。但 B 知道，如果 A 属于高阻挠成本类型，B 进入市场时 A 进行阻挠的概率是 20%；如果 A 属于低阻挠成本类型，B 进入市场时 A 进行阻挠的概率是 100%。博弈开始时，B 认为 A 属于高阻挠成本企业的概率为 70%。

假设 A 为高阻挠成本企业的概率用 $P(H)$ 表示，$P(H)=70\%$。

假设 A 为低阻挠成本企业的概率用 $P(L)$ 表示，$P(L)=30\%$。

假设 A 为高阻挠成本企业且阻挠的概率用 $P(D|H)$ 表示，$P(D|H)=20\%$。

假设 A 为低阻挠成本企业且阻挠的概率用 $P(D|L)$ 表示，$P(D|L)=100\%$。

因此，B 估计自己在进入市场时，受到 A 阻挠的概率为 $P(D)$：

$$P(D) = P(D|H)P(H) + P(D|L)P(L)$$
$$= 0.7 \times 0.2 + 0.3 \times 1$$
$$= 0.44$$

0.44 是在 B 给定 A 所属类型的先验概率下，A 可能采取阻挠行为的概率。

当 B 进入市场时，A 确实进行阻挠。使用贝叶斯定理，根据阻挠这一可以观察到的行为，B 认为 A 属于高阻挠成本企业的概率变成：

$$P(H|D) = P(D|H)P(H) \div [P(D|H)P(H) + P(D|L)P(L)]$$
$$= 0.7 \times 0.2 \div 0.44$$
$$= 0.32$$

根据这一新的概率 $P(H)=0.32$，B 估计自己在进入市场时，受到 A 阻挠的概率变化为：

$$P(D) = 0.32 \times 0.2 + 0.68 \times 1 = 0.744$$

如果 B 再一次进入市场时，A 又进行了阻挠，使用贝叶斯定理，根据再次阻挠这一可观察到的行为，B 认为 A 属于高阻挠成本企业的概率变成：

A 属于高阻挠成本企业的概率 $P(H|D)=0.32$（A 属于高阻挠成本企业的先验概率）×0.2（高阻挠成本企业对新进入市场的企业进行阻挠的概率）÷0.744＝0.086

这样，根据 A 一次又一次的阻挠行为，B 对 A 所属类型的判断逐步发生变化，越来越倾向于将 A 判断为低阻挠成本企业了。A 企业也通过一次次的阻挠行动，改变了 B 企业的认知，阻止了 B 企业的市场进入行为。

以上例子表明，在不完全信息动态博弈中，参与人所采取的行为具有传递信息的作用。尽管 A 企业有可能是高阻挠成本企业，但 A 企业连续进行的市场进入阻挠行动，给 B 企业以 A 企业是低阻挠成本企业的印象，从而使得 B 企业停止了进入市场的行动。

应该指出的是，传递信息的行为是需要成本的。假如这种行为没有成本，谁都可以效仿，那么，这种行为就达不到传递信息的目的。只有在行为需要相当大的成本，因而别人不敢轻易效仿时，这种行为才能起到传递信息的作用。

所有的逻辑推理，所有的论证，目的只有一个：找出某个事物的真相。这是个艰巨的任务，因为在有些情况下，真相是难以捉摸的。真相有两种基本形态：一种为本体真相，另一种为逻辑真相，其中本体真相更为基础。所谓本体真相，指的是关乎存在的真相。某个事物被认定是本体真相，如果它确实是，则必然存在于某处。桌上有一本书，这是本体真相，因为它确实在那里，而不是幻象，本体真相的对立面是虚假的幻象。

逻辑真相是逻辑学家直接关注的真相的形式，逻辑真相仅仅是关乎命题的真理性。更宽泛地说，它是在我们的思维和语言中自动呈现出来的真相，反映的是命题内容与客观事实之间的关系。在现实生活中，我们能亲身经历的重要公共事件非常有限，这就意味着，在大多数情况下，我们必须依靠逻辑真相。现在我们来了解逻辑学的语言。

逻辑学的语言

逻辑推理的基本步骤即推理的过程，就是根据已知正确的第一个观点，推断出第二个观点，而第二个观点之所以正确，乃是因为第一个观点正确，推理的过程构成了论证的核心。

论证可以是错综复杂的，这主要是因为它可能会包括很多命题。但是每个论证，无论它在形式上多么复杂，本质上都是极其简单的。每个论证都由两个基本要素组成，即两个不同类型的命题：一个"前提"和一个"结论"。前提是一个支持性命题，它是一个论证的起点，包含推理的出发点所依靠的基础事实。结论是被证明的命题，它在前提的基础上得出，并为大家所接受。复杂论证通常包含大量的前提，而且各前提之间往往相互作用，具有一定的关系。你可以有一整套相互关联的前提，其中一个可能建立在另一个前提之上，所以要摆正它们之间的关系，以便得出正确的结论。例如，"失了一颗铁钉，丢了一只马蹄铁；丢了一只马蹄铁，折了一匹战马；折了一匹战马，损失了一位将军；损失了一位将军，输了一场战争；输了一场战争，亡了一个帝国"。从一个论证出发得出多个结论极为少见，实际上，这种情况要尽量避免。**单一确定的结论总是最好的，最有效的论证总是试着得出最简单明了的结论。**

通常，论证的上下文就能告诉我们哪个是前提，哪个是结论，但是这里我们常常给命题附上"逻辑指示词"，以便分清前提和结论。对于前提来说，常见的逻辑指示词包括"因为""既然""由于"，对结论来说，常见的逻辑指示词包括"因此""所以""从而"。还有许多更详细的表述方法，表示前提的如"考虑到目前的实际情况……"，表示结论的如"我们有必要这样做……"，等等。

前提是论证的基础，正确论证有赖于正确的前提。所以，一个正确论证的第一步，就是要确认前提的正确性。这里重点介绍类比论证和条件论证，著名的"三段论论证"相信大家都已经十分熟悉，就不展开介绍了。

类比论证

当我们将论证置于比较中时，我们的目的是展示（也就是通过论证证明）我们所比较的两个事物实际上是相似的。以比较为基础，一个最普遍的论证形式是类比论证。类比论证的基本结构如下：在比较的两个事物中，对于其中一个 A，我有比 B 更深入的了解。我所做推理的目的是：在已知 A、B 有足够多毋庸置疑的相同特性的基础上，使你相信它们的一些非显性的特性也是相同的。假设 A 是一个历史事件，比如阿富汗战争，B 代表未来所要发生的一个事件，比如美国政府正在筹备的一项行动，我的任务是使你相信如果美国政府发动这一行动，它将重蹈阿富汗战争的覆辙。

> 论证概要
> A 具有特性 R、S、T、U、V、W、X 和 Y。
> B 具有特性 R、S、T、U、V、W、X 和 Y。
> A 具有特性 Z。
> 所以，B 也具有特性 Z。

分析：这个结论不是必然的，但是它极有可能。基于两个事物拥有大量相同特性的事实，当其中一个事物具有其他某个特性时，很可能另一个事物也同时具有该特性。类比论证只适用于当我们不能直接证明 B 具有特性 Z 的时候，当然，也可以是 B 还没有发生所以不能被分析的时候。

条件论证

条件论证是一个包含"如果……那么……"结构的论证，它反映了我们思维的习性。例如，"如果努力工作，那么你最终将实现你的目标"，或者"如果周末天气很好，那么我们就去公园烧烤"。在这个论证中，大脑会先设定好一定的条件，如果达到了这个条件，就会有确定的结论出现。这里我们用符号来仔细研究这个重要的论证形式。

$$A \rightarrow B$$
$$A$$
$$所以，B$$

条件论证的要点是大前提 A → B 告诉我们如果 A（无论它是什么）成立，那么 B 也必然成立。此时，我们不能确定知道实际情况会是什么。小前提 A 告诉我们大前提中的条件可以满足，然后结论 B 就随之出现。这是一个有效论证，意味着如果前提成立，则结论必然成立。这是有效论证中的必然结果：真实前提带来真实结论。

但是为了保证条件论证的有效性，我们必须彻底理解大前提 A → B 在告诉我们什么，这是说 A 和 B 之间一定要有必然联系。换句话说，如果 A 实现，则 B 必然能实现。

很显然，从严格的逻辑学角度考虑，我们日常生活中所用的大部分条件论证并不是那么严谨。想一下前面的例子，"如果努力工作，那么你最终将实现你的目标"。如果我们仔细分析一下，就会发现在这个论证中，前提（努力工作）和结论（实现目标）之间是没有必然联系的。或许你已经在努力工作，但是由于一些没有预料到的原因，比如领导不支持、方法不对头、目标定得太大等，你并没有实现目标。让我们来看下面这个论证：

> 如果刘三活着，那么他一定要呼吸。
> 刘三确实活着。
> 所以，刘三在呼吸。

这个例子中，我们可以看到，前提和结论之间有必然的紧密联系。同一时刻，刘三活着却没有呼吸是不可能的，所以这个论证的结论是必然成立的。

条件论证还有另一种有效方式，用符号表示如下：

> A → B
> −B
> 所以，−A

大前提设定条件：如果刘三活着，那么他一定要呼吸。
小前提（−B）：刘三没有呼吸。
结论：所以，刘三没有活着。

尽管我们举了很多条件论证的例子，但在现实生活中，严格逻辑学意义上的条件论证真的很少。在我们的论证中，鲜有在前提和结论之间存在必然联系的情况。这样造成的结果是，即使前提实现，我们也不一定能得到论证中的结论。但这并不意味着条件论证是没有意义的，即使它看起来并不总是带来必然的结果。在我们大量使用的条件论证中，结论只是众多可能性中的一个。我们的目标是尽可能严谨地建立我们的论证，保证结论出现的最大可能性。

在前提和结论之间并不是必然联系的条件论证中，前提和结论之间的联系越紧密，结论成立的可能性就越大。比如，"如果公牛队获胜，他们将进入季后赛"。首先我们假设这是对真实情况的表述。根据目前的战绩，如果公牛队获胜，他们将进入季后赛。然而，前提（赢得比赛）和结论（进入季后赛）之间的联系也不是必然的。比如，公牛队赢了比赛，但是由于球员罢工，季后赛取消。实际上，罢工看起来可能性不大，所以考虑到所有因素，前提和结论之间的联系还是很牢固的。如果公牛队取得胜利，得出他们将进入季后赛的结论是可靠的。

条件论证的可靠度取决于你对论证中前提与结论的了解程度及它们的联系方式。如果论证的因果关系十分脆弱，就此下结论就是草率的。注意：条件论证是具有前瞻性的，可靠的预言来自对过去事实的积累。你说"日晕三更雨，月晕午时风"，这是合理的预测，因为根据过去大量的观察经验，你发现了日晕和月晕带来的天气情况的不同变化。

最具代表性人物：阿尔伯特·爱因斯坦

1903年1月，24岁的爱因斯坦与同班同学塞尔维亚姑娘米列娃·玛利奇结了婚。一年多以后，米列娃生了一个儿子，爱因斯坦给他的第一个孩子起名叫汉斯。

1905年，26岁的瑞士伯尔尼专利局三级技术审查员——爱因斯坦先生写出并发表了五篇震动世界物理学界的科学论文，其中包括从根

本上改变了人类科学历史的伟大的相对论。任何一个人，一生中只要能写出其中的一篇，就可以成为这门科学领域中的泰斗，而且可以当之无愧地摘下诺贝尔物理学奖的桂冠（爱因斯坦先生在 1921 年凭借其中相对不那么重要的一篇获得诺贝尔物理学奖。当时宣布他获奖的原因是"在数学、物理学方面的成就，尤其是发现了光电效应的规律"。之所以说是不那么重要的一篇，是因为当时诺贝尔奖评委会的先生们还没有弄懂重要的那篇论述相对论的《论动体的电动力学》）。下面我们就介绍不那么重要的关于光电效应的那篇论文。

这篇论文的名字叫《关于光的产生和转化的一个启发性观点》。

在光的理论方面，从 17 世纪以来就交织着微粒说和波动说两种学说之间的争论。1704 年，牛顿在《光学》中提示：光是由一颗颗微粒组成的粒子流向空间呈直线发射。它圆满地解释了光的直进、反射和折射现象，得到人们的承认。可是它在解释某些现象时又遇到了困难，如，为什么几束在空间交叉的光线能彼此互不干扰？为什么有时光线可以绕过障碍物的边缘拐弯传播？为了解释这些现象，与牛顿同时代的荷兰物理学家惠更斯提出了波动说，认为光是一种机械波动，由发光物体振动引起，依靠一种叫作"以太"的弹性介质传播。两种学说各有物理事实支持，各不相让。然而，由于波动说当时还不完善，再加上牛顿的威望，所以在 19 世纪之前，光的微粒说一直占上风。

19 世纪初，英国物理学家托马斯·杨在暗室中做了光的干涉实验，法国物理学家菲涅尔用实验证实了光的衍射现象，给微粒说以沉重打击，而最后宣判微粒说死刑的是法国物理学家斐索和傅科进行的光在水中的传播速度的精确测定。微粒说认为，光在水中的速度应大于在空气中的速度；波动说则认为，光在水中的速度应小于在空气中的速度。实验测定的结果是后者，波动说从此获得了重生。

19 世纪五六十年代，英国物理学家麦克斯韦建立起电磁场理论，预言了电磁波的存在，认为光也是一种波长较短的电磁波。后来德国物理学家赫兹用实验证实了电磁波的存在（电磁波的频率也因此以赫兹为单位，即 Hz）。光的电磁波说，圆满地解释了过去发现的各种光学现象，更加确立了波动说在光学上的统治地位。

在爱因斯坦进行他的科学探索的时候，物理学上光学的现状就是如此。

然而这时候，一些新的光学实验现象的出现，又给波动说制造了一些障碍，如黑体辐射现象、光致发光现象以及斯特列托夫发现的光电效应，即紫外线射击在金属板上可以产生电子（阴极射线）。而著名的迈克尔逊－莫雷以太漂移实验对太空中以太存在的否定，对波动说更是一个晴天霹雳。

爱因斯坦觉察到，用麦克斯韦运算电磁波的连续空间函数来运算光的波动的理论，在描述纯粹的光学现象时，确实是十分卓越的。然而当人们把用连续空间函数进行运算的理论应用到黑体辐射、光电效应等关于光的产生和转化的现象上时，这个理论会导致与经验相矛盾。爱因斯坦认为，如果用光的能量在空间不是连续分布的假设（即接近微粒说）来解释一些有关光的产生和转化的现象，它们似乎更容易被理解、被接受。

这时，爱因斯坦敏锐地想到了普朗克的热辐射量子学说。

1900 年 12 月，德国物理学家普朗克在柏林德国物理学年会上宣读了他的划时代论文《论正常光谱中的能量分布法则》，第一次提出了能量子概念，宣告了量子学说的诞生。他在假说中设想：物质中具有振动着的带电粒子，称线性谐振子。由于谐振子带电，所以能与周围的电场交换能量。他提出，谐振子在交换能量的过程中，吸收或发射的能量不是连续的，而只能是一份一份地进行，这一份一份的能量是一个能量单元的整数倍。这个最小的、不可再分的能量单元称为"能量子"，它的数值为 $e=hv$，式中 h 称为最小作用量子，后来被命名为"普朗克常数"，是微观世界的基本标志。

爱因斯坦认为：如果把普朗克的量子学说应用到光辐射上，把光也看成一种能量子，一定会得出满意的结果。于是，他在这篇论文中，大胆地提出了他的"光量子假设"，也就是现在被公认的"光量子学说"。爱因斯坦把这些能量子叫作光量子（后来简称光子），光就是由这些光量子组成的以光速运动着的粒子流。同普朗克的能量子一样，每个光量子的能量也是 $e=hv$（h 为普朗克常数，$h=6.626\ 070\ 15\times 10^{-34}$ J·s，v 为光波的频率）。

从这一假设出发，爱因斯坦成功地解释了包括"光电效应"在内的几个有关光的产生和转化的现象，也就是光的波动说无法解释的现象，并给出了光电效应的爱因斯坦方程，得到了电子动能与光频率之间的基本关系式：

$$\frac{1}{2}mv^2=hv-P\ (P\text{ 为电子的逸出功})$$

光量子学说以最简练的方式阐明了"光电效应"，这种效应的基础是光与电子之间进行能量交换。所以，光束打到金属表面上时，能把电子从其表面拉出来。这些电子在脱离金属表面之后的动能，与光源的强度无关，而完全取决于光的颜色（即频率）。

光量子论提出后，几乎遭到了所有老一辈物理学家的反对，一些年轻的物理学家也无法接受。有趣的是，连量子论的创始者普朗克本人也坚决反对它（虽然他十分推崇爱因斯坦同一年提出的相对论理论）。美国实验物理学家密立根起初也不相信有什么光量子，企图用实验来否定它，他花了 10 年的时间去验证爱因斯坦的光电效应公式，结果却与他的愿望相反。1915 年，他宣告他的实验不但没有否定光量子论，反而证实了光量子论的光电效应公式，并且用该公式精确地测定了普朗克常数 h 的值，与普朗克量子论辐射公式给出的 h 值完全符合。密立根因此获得了 1923 年的诺贝尔物理学奖。

由于爱因斯坦的五篇论文的发表，科学家们把 1905 年定为物理学发展史上的黄金年而永远载入了史册。德国伟大的物理学家、1954 年诺贝尔物理学奖获得者玻恩，在庆祝爱因斯坦 70 寿辰的文章中建议，将 1905 年的《物理学年鉴》定为人类全部科学文献之中最卓越的卷册，他写道："依我之见，全部科学文献之中最卓越的卷册，就要数莱比锡《物理学年鉴》1905 年第十七卷了。这一卷里登载着爱因斯坦的三篇论文。每一篇论及一个不同的主题，而且每一篇现在都被公认是杰作，是物理学一个新的分支的起源。"

爱因斯坦就是创造这个奇迹的人，更加神奇的是，这一切发生的时候，他才是一个 26 岁的从一所普通的工业大学教育系毕业不久的大学生。

他没有经过任何一位名师的指导。

他没有骄人的博士或硕士学位。

他没有参加过任何一项科学方面的学术活动，甚至没有出席过一次学术会议。

他不是任何一所大学或学院的讲师或教授，也不是任何一所科学机构的研究人员。

他没有从事科学研究所必需的实验室。

他所拥有的东西，除了一个天才的极富想象力的大脑，就只有一支能进行数学运算的笔。数学，是他在创造奇迹过程中唯一能使用的武器和工具。

1905 年，爱因斯坦发表完五篇论文后，真正懂得这几篇论文价值的人不多，尤其是关于相对论和光量子论的那几篇，人们反应平淡。这五篇论文除了帮爱因斯坦拿到一个博士学位，就好像它们只是物理学这片汪洋大海上的几朵浪花，转眼间就会消逝。

年轻的爱因斯坦依然在伯尔尼专利局过着单调而有规律的日子。每天上午 9 点，他准时到达专利局，对那些花样翻新的专利申请提出鉴定意见，下班后要听妻子米列娃越来越多的抱怨，有时也带着小汉斯到阿勒河河边去散散步。就这样，日子像阿勒河的河水一样一天天平静地流淌过去。

1906年4月,爱因斯坦被提升为专利局的二级技术员,工资涨了1000法郎,达到4500法郎(年薪)。哈勒局长在给上级的报告中极力表扬了爱因斯坦的敬业精神,并提到他新近获得了联邦工业大学的博士学位,但对他发表的五篇物理学论文只字未提。在他眼中,这并不重要。

1907年6月,爱因斯坦向伯尔尼大学申请"编外讲师"的职位,并寄出了他的《论动体的电动力学》单行本。不久,伯尔尼大学就寄来了答复:论文无法理解,物理系不需要人。

1910年6月,爱因斯坦的第二个儿子爱德华·爱因斯坦出生了。第二个孩子的出生并未能让他的家庭生活更加和谐。这个时候爱因斯坦终于当上了副教授,但年薪依然未变,家庭的开支却增加了许多,米列娃不得不在家里收几个学生寄宿,挣一些钱来补贴开销。爱因斯坦却从来不把这些生活琐事放在心上,还经常带一些同事和学生到家里来喝啤酒、抽烟斗、高谈阔论。米列娃在大学时也是一个很有物理学才能的学生,也曾经有过自己的抱负,现在却嫁给这个喜欢空谈的同班同学做妻子,当了一个普通的家庭主妇,想起来不免觉得有些委屈。

1923年7月,随着爱因斯坦提出的三大预言一一被验证(水星近日点进动、星光弯曲、引力红移),已经名满天下的大科学家爱因斯坦去瑞典哥德堡接受了1921年诺贝尔物理学奖,在庄严的授奖仪式上发表了相对论的演说。爱因斯坦把拿到的全部奖金都寄给了住在瑞士的1919年离了婚的米列娃。

1955年4月16日,爱因斯坦病重住院,儿子汉斯从加利福尼亚赶来了,女儿玛戈尔也来到了他的病床前。他微笑着对儿女们说:"没有什么了,这里的事情我已经做完!"1955年4月18日凌晨1点,爱因斯坦安详地离开了人间。

如何开发学员的逻辑-数理智能

案例讨论与分析

抛出一个企业经营案例,让学员以小组为单位,讨论、分析案例中的种种情况,并在班级里呈现小组的讨论结果,可以很好地训练学员的逻辑分析和逻辑推理能力。比如对下面的案例进行讨论和分析:

某膏为什么兵败山东

某膏是具有"润肠通便"功能的保健食品,其主要成分为无花果、干桃、杏仁、番泻叶等植物混合物,褐绿色,膏状,微甜,无花果味。某膏"润肠通便"的效果非常明显,一般首次服用8小时就有反应,主要反应是"上厕所"。

某膏显著的"润肠通便"功能,与国内炒得比较成熟的"排毒养颜"的概念非常接近。一方面,"排毒能够养颜"的观点经过这几年的宣传已经被广大爱美女性所接受,某膏再进入这个市场将节省很大一笔"教育"成本;另一方面,"排毒养颜"产品已经老化,必将有一个新生的换代产品替换之。某膏的目标人群定位是"收入中等水平以上,20岁至40岁都市白领阶层的女性"。之所以把目标人群定位在这类人群,主要是由产品定价策略、收入水平、消费习惯和心理、目标利润等因素共同决定的。

与此同时,市场上另一个同类产品"某康"销售火爆。同样作为"润肠通便"的保健食品,"某康"的核心概念是,宿便是导致女人出现色斑或痤疮、皮肤粗糙、小腹凸起的主要原因。所谓"宿便"就是指在人体肠道褶皱里常年无法排除干净的"旧便"。女性容颜的破坏是由于"宿便"在人体内产生大量毒素后被人体再吸收所致。在宣传上,"某康"使用的媒体形式非常单一,策略非常明确,那就是集中所有资金投入《半岛都市报》,目标锁定中年女性,而且是整版整版地投放,其他报纸基本不投,电视不投放,户外广告也不投放。在报纸文案风格上,

"某康"尽其所能地用一些极形象生动的字眼来描述什么是"宿便"以及"宿便"的危害等,比如宿便像腐肉、排出香蕉便等。

在青岛市场,"某康"在青岛最大的药店"北京同仁堂青岛药店"每天可以销售250盒左右,而同期"某膏"每天销售不到10盒。在报纸热线电话量方面,同一天的报纸,甚至在某膏版面位置、版面大小更优的情况下,"某康"的报纸广告可以产生300个左右的热线电话量。在销售和热线电话量形成鲜明对比的情况下,我们仔细研究了"某康"文案的内容、市场策略后发现:虽然我们认为它的文案很恶心,甚至很龌龊,但消费者却认为很形象、很科学,也非常具有可读性。为了验证我们的发现,我们决定在一个没有"某康"产品的市场做一次实验,那就是拿"某康"的文案、机理用在某膏上,看热线反应究竟如何。正好,烟台没有"某康",于是我们把"某康"的文案、机理用在某膏上进行尝试性投放,结果同样版面位置和大小的广告居然能够产生250个以上的热线电话量,而在此之前却不到30个热线电话量。

这对于在黑暗中苦苦摸索的某膏的营销者而言,简直就是如获至宝,我们似乎看到了沉甸甸的钞票直往腰兜里钻,挡都挡不住。热线电话量的裂变式增长大大增强了某膏的信心。我们意识到,某膏在第一阶段之所以迟迟不能打开市场局面,很大方面是因为报纸销售文案风格的问题。

为了进一步验证报纸销售文案的有效性,我们决定迅速扩大实验城市,并抢先一步在没有"某康"的城市使用,于是我们立即在威海和苏州展开。经过激烈争论,最终我们决定青岛市场也同样跟进。至此,4个试销市场全部从"排毒养颜"转到"清宿便"的概念上来。经过3个月的运作,4个试销市场又投入了近180万元。但是,市场往往和我们所期望的有很大差异,某膏自转变概念以来,每期报纸广告热线电话量平均都翻了6倍到10倍不等,但渠道出货并没有这么大的飞跃,平均下来,最好的烟台市场的销量也只不过翻了2倍,也就是说,销量的翻倍与热线电话量的翻倍是不成比例的。那么，这又是什么原因呢？虽然热线电话量的增长并不能完全代表销量就一定会增长，但二者的正比例关系还是存在的。分析后我们发现，价格是导致这一现象的根本原因。一方面由于第一阶段定位和策略的缘故，某膏的价格是在第一阶段的背景下制定的，但是现在随着概念的转变，某膏已经不再是最初的某膏了；另一方面，消费者对"排便"产品的心理成本是很低的，而且市场上同类低价格产品非常多，这样就造成了一个事实上的瓶颈，即产品价格过高。这就是热线电话量与销量不成正比例的真正原因。

既然找到了市场的瓶颈所在，那么降价不就解决问题了吗？事实上并非如此简单，真正赞同这一观点的人没有几个，尤其是最终决策层。由于最终决策层否决了此观点，并且由于第一阶段和第二阶段的投入都没能有合理的产出，320万元的费用已经超出了最终决策层的心理底线，"继续投入还是放弃投入"成为我们试销者关注的焦点。如果继续投入，那么资金风险将进一步加大，将超出公司试销新产品的心理底线，要争取公司支持显得比较困难；如果放弃投入，不仅前面的投入化为乌有，而且这火辣辣的热线放弃了确实让人心痛！"是否继续投入"这一问题最终通过新产品论证会讨论决定，但最终的结果是缩减绝大多数投入，只做维护性投入。

在确定了某膏的最终去向以后，公司基本上就不再做市场宣传工作了，主要通过"买赠"促销活动使渠道里的货物尽快消化。至此，轰轰烈烈的某膏新产品试销工作可以说以失败而告终。

请分析：

（1）为什么"某康"的成功经验在"某膏"上行不通？

（2）为什么热线电话量不能转化为产品销量？

（3）某膏试销失败的原因是什么？给我们带来的启示是什么？

要求：分析要全面、有逻辑性、有说服力。

资料来源：潦寒. 大败笔[M]. 南昌：江西人民出版社，2005.

无领导小组讨论

无领导小组讨论是指由一组应试者组成一个临时工作小组，讨论给定的问题，并做出决策。无领导小组讨论的目的就在于考察应试者的表现，尤其是看谁会从中脱颖而出，培训课堂上可以借鉴这种形式，组织课堂上的无领导小组讨论。

无领导小组讨论是采用情景模拟的方式对考生进行集体面试。它是通过一定数目的考生组成一组（6～9人），花一小时左右的时间讨论与工作有关问题，在讨论过程中，不指定谁是领导，也不指定受测者应坐的位置，让受测者自行安排组织，评价者来考察考生的组织协调能力、口头表达能力、辩论的说服能力等各方面的能力和素质是否达到拟任岗位的要求，以及观测考生的自信程度、进取心、情绪稳定性、反应灵活性等个性特点。

无领导小组讨论的缺点如下：

1）对测试题目的要求较高；
2）对考官的评分技术要求较高，考官应该接受专门的培训；
3）应试者有做戏、表演或者伪装的可能性；
4）指定角色的随意性，可能导致应试者之间地位的不平等；
5）应试者的经验可以影响其能力的真正表现。

如果我们只是用这种方式来训练学员的逻辑推理能力，则这些问题就不会存在。

第六章

视觉空间智能的开发与应用

　　输入越可视化，该输入就越有可能被认知，也就越容易被回忆起来，这个现象被研究人员反复证明，以至于有了自己的专有名词——图优效应（the pictorial superiority effect，PSE）。文字和口头语言与图片相比，不仅在保存某些类型的信息方面效率不高，而且这两种交流方式本身效率就低。假设一条信息以口头方式提出，72小时之后进行测试，人们只能记得其中10%的内容，如果在这条信息的口头说明过程中加上一张图片，那么测试的结果将上升到65%。

　　这么看来，充斥着文字的广告牌或各种说明书从来就没有占过主导地位，占主导地位的是树木和猛兽。利用红外线眼球跟踪技术，研究人员测试了3600名消费者对1363幅印刷广告的反应。结论怎样呢？图片资料在吸引注意力方面更胜一筹，且不受图片大小的支配。即使图片很小，并和其他大量的非图案信息挤在一起，眼睛也首先发现它。

　　视觉对我们如此重要，其中的原因可能是这样一个简单的事实：生活在热带稀树草原上，我们的祖先通过视觉发现威胁所在，通过视觉找到赖以生存的食物供应，通过视觉发现繁殖机会。

　　视觉能看到的不仅仅是图片信息，还包括整个环境中的立体信息，包括实物、光线、颜色、空间大小等，从而快速对所处环境有个评价。下面的实验很好地验证了这一点。

圣诞夜的激情之谜

在圣诞节，人们为什么会如此疯狂？也许没有人会把它当作一个问题。但是没有什么问题是科学家不好奇的，英国的一批科学家为了得到答案，专门做了以下实验。

参加实验的志愿者共有 30 名。科学家们将这 30 人分别安置在不同类型的"圣诞场景"组合的房间内，并提醒他们根据所感受到的圣诞气氛对场景组合打分（满分是 10 分）。

最后科学家们得到了一组数据：

烛光、圣歌和桂花酒组合（7.3 分）；

烛光、圣歌和橙子组合（6.2 分）；

烛光、古典音乐和圣诞枞树（2.95 分）。

第一个房间里点着蜡烛，飘着桂花酒香，放着圣歌。第二个房间里也点着蜡烛，但是散发的是枞树的味道，放的是古典音乐。10 分钟后科学家发现如下结果：

第一个房间里的志愿者吃掉了 20 个圣饼；

第二个房间里的志愿者仅吃掉 13 个圣饼。

主持此实验的科学家迈克尔·布拉梅尔教授表示："我们将最好的与最差的情景组合进行比较后发现，在最佳圣诞气氛条件下，志愿者所吃圣饼的数量明显要比在较差的圣诞气氛条件下多。显而易见，处于第一个房间中的志愿者感觉到的圣诞气氛更强烈。"

根据两个实验结果，科学家们表示，最佳的声、味、景组合最容易让人们感觉到节日气氛。如果将这一最佳组合的各要素分开，则谁都无法感到圣诞节的氛围。

这一实验结果对于培训师的借鉴作用在于营造最佳的培训环境（场域），组合声音（音乐）、视觉（灯光、海报、内容挂画等）、空调温度、味道（香薰）等元素，可以有效地激发学员的学习状态，获得较好的学习效果。

环境是人们赖以生存的基础，人们的言行不可避免地受到环境的影响。比如，在露天现场看演唱会的时候，突然开始刮风下雨了，人们自然会变得焦躁不安。这是消极环境对人的情绪的影响。如果没过多久，雨停了，那么人们的心情也会变得愉快起来。因此，我们可以把造成一定氛围的环境称为"环境场域"。当人们处于这种场域中时，情绪就会受到现场气氛的感染。如果把它应用到员工培训中，那么学员就会被场域影响。

一般而言，场域包含三个因素。

客观因素

培训教室里的硬件设施，包括物品的摆放、墙壁的色彩、灯光、空调等，都会影响学员的情绪。在密不透风、昏暗闷热的教室里上课是很难激起学员学习的兴趣的，他们心里只会想："这该死的培训什么时候能结束？"

精神因素

学员能第一时间感受到培训师的授课风格是开放的还是封闭的，是滔滔不绝的灌输还是引导式的互动启发，是鼓励学员积极发言还是打压学员发言，从而知晓教室里的软环境，并选择自己的学习行为。事实证明，只有老师一个人讲授的课堂，学习效果不会理想。因此，想办法让学员开口说话，让学员表达意见，让学员充分讨论，是每一位培训师都要努力打造的教学场域的软件因素。

人际关系因素

学员不仅向老师学习，同时也在向其他同学学习。他能否被其他同学接纳，能否得到其他同学的赞扬，甚至比能否得到老师的赞扬还要重要。因此，在一个良好的教学场域里同样重要的因素是培训师能营造出教室里的社交行为，鼓励学员之间互相学习、互相交流、互相反馈。

"中国诗词大会"第四季节目，增加了康震老师现场绘画（当然前三季好的做法都得到了保留，读者可以选看一两期节目，以便有个直观的感觉），然后让选手根据画面线索说出诗词答案的形式，这种形式就很值得借鉴，它既调动了选手的视觉智能又增加了节目的趣味性。比如，请说出下面两幅画面所代表的诗词。我个人非常欣赏中央电视台这种不断创新求变的精神。

_____　　　_____

_____　　　_____

最具代表性人物：凡·高[一]

凡·高的一生非常特别：立志以绘画为生，生前却只卖出去一幅画；33岁才开始学习绘画技法（37岁即离世），其作品却在画坛上占据着超然的地位；拥有一颗敏感悲悯的心，却无人理解也不擅长跟人打交道；生前十分孤独、贫穷困苦，死后却家喻户晓，作品价值连城。

[一] 凡·高，也译为梵高。

少年凡·高

1853年，凡·高出生在荷兰的一个并不富裕的牧师家庭，过了蒙童之龄，1869年便跟着叔父文森特去一个卖画的古皮尔公司当学徒，这一年他刚16岁。凡·高作为学徒，很奇怪：他喜欢批评店里的名画，而且大家认为价格昂贵的名家之作，往往被这个学徒轻视。顾客带着大笔金钱上门来购买高贵的名作，凡·高非但不招呼，还冷言冷语嘲笑他们。这并不是性格怪僻，而是少年心中已经悟得艺术真谛，自然看不起当时流行的所谓"大作"。然而这样的行为哪个店主受得了，于是店主就打发他回家。因为有个好叔叔，前后6年，凡·高从海牙辗转到布鲁塞尔再到伦敦的古皮尔公司。少年凡·高终究还是不适合做一个商人，彻底放弃了画廊的工作。人间因此少了一个好商人，多了一位大画家。

悲情凡·高

1880年，凡·高春游至奎姆，住在矿工家，开始走上创作的道路，临摹米勒的作品。凡·高的早期作品中充满天然的悲悯情怀和苦难意识，采用最多的题材是矿区凄惨的场景和劳作的矿工。在埃顿时期，翻滚的落日、田里的农夫和农妇更多出现在他的作品中。他这段时间创作了一幅叫《悲哀》的素描：一个病弱的女子把脸孔埋在双手上，伏在膝盖上无声地哭泣，枯草一般的头发垂在她的颈与肩部没有光泽的皮肤上。这名女子叫"西恩"，曾为妓女，还带着一个5岁的女儿。凡·高有一次雇用她做模特，听她诉说了长而悲惨的故事，敏感而悲悯的凡·高十分感动，为她支付房租，并省出自己的口粮来接济她和她的孩子。两人发展出恋情，但在日后遭到亲友的强烈反对，最终不了了之。

这段时间凡·高的代表作是《吃土豆的人》，在逼仄阴暗的屋子里，男女五人围着桌子，分食马铃薯。这样的画作表达了作者内心的悲情、怜悯，但是它并不讨人喜欢，谁会买这样一幅挂在客厅影响食欲、挂在厕所容易便秘的画？

疯子凡·高

1886年，凡·高来到巴黎后，特别是1888年来到法国南部阿尔小镇后，他的作品画风突变，他对色彩的偏好几乎达到了一种癫狂的状态。这虽然与他的精神疾病有着一定的关系，但是也不能否认凡·高对于色彩的创造性的发现和表现。他画作中的色彩都是较为强烈、奔放的，那些颜料似乎不是用笔涂上去的，而是直接挤到画布上的，这种画法却又能给人一种莫名其妙的立体感。这也深深地影响了20世纪的表现主义和野兽派绘画。

凡·高的"强烈、奔放"还体现在他的用色上。他总爱用"蓝色＋黄色""红色＋绿色"之类的色彩搭配，甚至是"黄色＋黄色"。学过色彩学的人都知道，这些颜色是"对冲"的颜色，一般画家是不敢随便这样搭配色彩的，而凡·高却能够很好地驾驭这些颜色，这也是他的画作色彩特别强烈、特别明亮的原因。

例如，凡·高的《向日葵》就是以大面积的黄色作为主要基调，然后配以土黄色、柠檬黄及中黄色等，使观众产生一种五彩缤纷、璀璨炫目的视觉感受，也表现出了凡·高对美好生活的向往。

同样是在阿尔小镇，发生了著名的割耳事件，坊间流传着好几个不同的版本，至今尚无定论，唯一不变的是，经过这次事件后，凡·高的耳朵少了一只。

关于割耳事件，流传得最为广泛的有以下几个版本。

版本一：凡·高和好友高更因争抢妓女拉谢尔而发生打斗，不小心被高更割伤，后替高更掩饰其事。

版本二：一天夜里，高更在路上走着，凡·高突然从背后冲上来，在高更面前"咔嚓"一声，把自己的耳朵割了下来。

版本三：这个版本跟高更没有什么关系，据说是凡·高为了追求一个女人，把自己的耳朵割下来作为定情信物送给她。

这些版本都很奇葩，但这件事情发生后，本来就很奇葩的凡·高在小镇居民眼里变得更怪异了。不久，小镇居民联名向阿尔市长请愿：驱逐怪人凡·高。

在巴黎西北部约30公里，有一个小镇，名为奥维，位于瓦兹河岸边，环境优美。凡·高在搬到奥维两个月后，突然用一把猎枪自杀。37岁的凡·高死在了关照他一生的弟弟提奥的怀里，跟弟弟说的最后一句话是："悲哀将永远继续。"

关于他的自杀有些扑朔迷离，当时照顾他的两个医生检查了伤口，并动手仔细探查了他的上腹部。他们得出的结论是：第一，子弹并没有穿过身体而是停留在脊柱附近；第二，造成伤口的枪是一支小口径的手枪；第三，子弹从一个罕见的倾斜角度射入体内；第四，枪是从距离身体较远的地方开的，而不是从很近的地方开的。

著名音乐人唐·麦克林（Don Mclean）欣赏了凡·高的作品《星夜》之后，充满激情地创作了歌曲《Vincent》。歌曲的开头是：

> Starry starry night, paint your palette blue and grey
> 星夜下，调色板上只有蓝与灰
> Look out on a summer's day, with eyes that know the darkness in my soul
> 你用那透视我灵魂深处的双眼望向夏日的天空
> Shadows on the hills, sketch the trees and daffodils
> 山上的阴影衬托出树和水仙的轮廓
> Catch the breeze and the winter chills, in colors on the snowy linen land
> 用雪地斑驳的色彩捕捉微风和冬日的寒冷
> Now I understand what you try to say to me
> 如今我才明白你想对我说些什么

Anol how you suffered for your sanity

你的心智怎样饱受折磨

And how you tried to set them free

你努力想让他们得到解脱

They would not listen, they did not know how

他们却不予理会，他们也不知道如何面对

⋯⋯⋯⋯

这首歌传唱全世界，正如凡·高已被家喻户晓，人们喜欢他、谈论他，原因可能就像麦克林在歌中所写的：

For they could not love you, but still your love was true

因为他们不能爱你，但你的爱依然真实存在

在课堂上运用视觉空间智能的若干种方式

鸡尾酒会（开场活动）

第一步：学员们可以自行选择桌子上不同颜色的色纸和画笔，快速画一个鸡尾酒杯，用不同的颜色画鸡尾酒的分层。

第二步：在鸡尾酒不同的分层上，写下自己的名字、对本次课程的认识、对学习的期待。

第三步：画好自己的鸡尾酒杯，拿着它，在教室里找一个同学碰杯，同时分享你的画和三个层次的内容，即做一下简单的自我介绍、分享一下自己对课程的理解、分享对接下来学习内容的期望。

第四步：把学员们的作品集中贴在教室的一面墙上，邀请学员在课间休息的时候参观。

操作起来并不复杂的开场活动，因为运用了视觉、语言和两两交流的形式，让学员在走动的过程中开启了多种智能，从而帮助学员更好地联结和思考。此外，把学员们的作品集中贴在墙上，能就地取材，营造出良好的学习环境（场域）。

数字卡片法

第一步：准备30张卡片，用马克笔在正面依次写下1～30。

第二步：让学员们挑选自己喜欢的数字，在卡片的反面手绘一幅跟这个数字相关的简笔画，比如，衣跟1同音，兔子跟2（two）谐音，等等。

第三步：两个数字相加等于31的两位同学组成一对，两两一组分享自己的故事，比如，图1画的是衣服，就分享一个跟衣服有关的故事；图 2 画的是一只小兔子，就分享一个跟兔子有关的故事。

第四步：把学员们的作品集中贴在教室的一面墙上，邀请学员们在课间休息的时候参观。

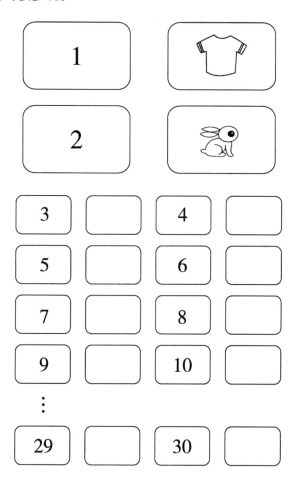

第七章

身体-动觉智能的开发与应用

　　1954 年，心理学家贝克斯顿在加拿大蒙特利尔的麦吉尔大学海伯实验室进行了首例"感觉剥夺"实验研究。他们在付给大学生每天 20 美元的报酬后，让他们待在缺乏刺激的环境中。具体地说，就是让实验参与者戴上特制的半透明塑料眼镜，使其难以产生视觉；手臂戴上纸筒袖套和手套，腿脚用夹板固定，以限制其触觉；实验在隔音室里进行，用空气调节器的单调嗡嗡声代替其听觉。实验参与者单独待在实验室里，静静地躺在舒适的帆布床上。

　　很多大学生都跃跃欲试，因为当时大学生打工一小时大约只能挣 50 美分，而参加这个实验既可以得到不错的报酬，又可以好好地睡一觉，或者思考论文、课程计划等。

　　但是令人吃惊的是，没过几天，参与实验的大学生们就纷纷退出。原因是在实验进行几小时后，他们开始感到恐慌和难受，根本不能进行清晰的思考。更为可怕的是，50% 的人出现了幻觉，如：出现光闪烁的视幻觉；听到狗叫声、打字声、滴水声的听幻觉；感到有冰冷的钢板压在前额和面颊的触幻觉等。

　　在之后的几天里，大学生们出现了双手发抖、不能笔直走路、应答速度迟缓以及对疼痛敏感等症状，而且对刚刚结束实验的大学生进行智力测验，测验结果都很不理想。实验结束数日后，他们才恢复正常。

这个实验证明，不断地从外界获得新的刺激和信息是人的身心活动正常进行的必要条件。人的身心发展离不开与社会的广泛接触和联系，孤僻和自闭带来的只能是身心的疲惫和失调。

这就是心理学上的"感觉剥夺"实验。实验证明，丰富的、多变的环境刺激是人生存和成长的必要条件，在被剥夺感觉后，人会产生难以忍受的痛苦，各种心理功能将受到不同程度的损伤。

触觉是仅次于视觉和听觉的第三大感觉来源，培训师在课堂上如何让学员有丰富的触觉体验，将极大地影响培训效果。触觉体验是除了视觉和听觉之外，我们能主动提供给学员的、较方便实施的教学体验，远比味觉、嗅觉容易实现。目前培训课堂上学员得到的触觉刺激不是太多而是太少了。

一次难忘的课程

铭师坊曾经举办过一次"从心出发——巅峰领导力公开课"，由职业导师欧阳丹引领现场的企业培训高管：聚焦身心体验、唤醒内在正能量，在开放自由、安全信任的环境下，了解领导力格调及心智模式崭新巅峰。导师为了让学员"放松且专注"，特别要求大家穿着舒服且自在，不同于职业装的束缚，身体的舒适会使大脑思考更敏锐，学习转化的效果也会更好。下面是欧阳丹老师在课堂上运用的几种增强身体触觉体验的方式。

第一个互动："边走边说"

现场：导师运用教具智问卡，让学员每人拿四张，走出去与其他组的学员聊天，先介绍自己的特点，接着相互抽一张卡片，回答卡片上的问题。在交流的过程中，导师会要求大家别坐着，也不要站着不动。

理念：当学员与链接的伙伴"边走边说"，身体的动觉智能启动后，身体和躯干的运动让人们表达情感、思想的能力比静坐不动时更强，从而促进内在的思考和外在的交流更高效。

第二个体验：重点排序

地上的纸片写着领导者的几种身份，导师将有字的一面朝下，请学员脱了鞋依次站在纸片上，用身体来感受，用心来体验，用大脑来思考。除了用眼睛，其实每个人都可以通过身体来接收信息，感受以下身份，在你知道之前，情绪上会对此产生什么样的呼应：知音、教练、精神领袖、专家、指挥官、管家。

理念：跨界的知识大融通可以帮助学员打开新视野，看到更多的"不可能"，相信能量的存在，从而真正地理解、认知、接纳这种存在。学员会去了解和探索，而不仅仅是评价、判断、控制，建立人与人之间的信任，任何创新都需要对未来的想象力，用过去的经验只能得到过去的结果。

第三个练习：引领与跟随

两两搭档，轮流进行"引领者"和"跟随者"的角色转换。

时间：讲师要求每组学员以不同的速度如慢、中、快来体验引领与跟随的过程，建议使用不同的身体-动觉，如滑行、下蹲、后仰、俯身，先慢再加速到快，同时要求每组学员在房间里四处走动。

空间：讲师要求每组学员使用身体-动觉来创造和探索一个小空间、一个大空间，一个高空间和一个低空间；各组学员既要关注自己和搭档的小空间，还要关注其他组员的行动轨迹，避免彼此之间发生碰撞推挤。

体态：当训练开始时，音乐响起，引领者要将大部分的注意力放在跟随者的身上，引领对方跟随音乐的节奏，并保持对小空间外其他存在的关注，带动搭档在室内空间里移动；而跟随者则需要将全部注意力放在引领者的掌心位置，保持15～20厘米的距离，好像对方的掌心释放了某种能量"吸住"了自己，随着引领者掌心向上向下、向前向后，或直线或曲线的移动轨迹，保持上半身和头颈同时跟随移动。

能量：当两个人通过身体-动觉智能的应用，都可以把注意力放在对方身上时，能量会随着注意力的变化而流动。注意力的分配方式，也是能量的流动模式，类似于一种灵魂的深刻联结。

当学员被要求"看"着对方时，搭档却不一定感觉得到联结，因为学员只是在"看"而已。注意力在对方身上的人，享受当自己关注对方的时候，对方的注意力也在自己身上。等我们注意一件事物时，我们的思维已经不再是自己的思维，而是对外界的思维，这个时候视线会转移到外界。练习的时候，身体-动觉的应用会让学员持续地把注意力放在搭档身上，并将产生深层的联结且维持得更久。

理念：在这里要排除的不是环境的干扰，而是内心的干扰。环境可能很安静，在课堂上，周围的同学都好好地坐着，但是，自己内心可能有一种骚动，有一种干扰自己的情绪活动，有一种与这个学习不相关的兴奋。对各种各样的情绪活动，要善于将它们放下来，予以排除。学员们通过身体－动觉的应用训练排除内心干扰的能力，外在引领的是他人，内在引领的是能量。

最具代表性人物：芭蕾舞者

芭蕾舞是一种舞台舞蹈形式，即欧洲古典舞蹈，通称芭蕾舞。芭蕾舞是在欧洲各地民间舞蹈的基础上，经过几个世纪不断加工、丰富、发展而形成的，具有严格规范和结构形式的欧洲传统舞蹈艺术。19世纪以后，技术上的一个重要特征是女演员要穿特制的足尖鞋用脚趾尖端跳舞。

芭蕾至路易十四王朝时代达到极盛。路易十四本人是一位卓绝的舞蹈家，且喜爱芭蕾表演。1661年，路易十四创立了历史上第一所舞蹈学校——法国皇家舞蹈学院，专门教授舞艺。这所舞蹈学院目前属于巴黎歌剧院，沿用至今的四肢行为的五个位置和一些美妙的芭蕾舞姿则是1700年在这里确立的。

创作一部芭蕾作品，编导是关键人物，他根据文学剧本（或一个故事、一首诗、一部音乐作品）构思出舞剧结构或舞蹈结构，再由演员来体现。编导和演员都必须掌握芭蕾语言（或芭蕾语汇）——芭蕾技术技巧，以及运用芭蕾语言表现特定内容或情绪的能力，编导应该深谙它们长于表现什么，不能表现什么；而演员则应该训练有素，能适应并创造性地体现编导的构思。只有具备这些基本条件，芭蕾作品的创作才能进行和完成。

如果对芭蕾舞舞台上的形式能有基本的认识，观赏芭蕾舞演出时必能获得极大的乐趣与共鸣。芭蕾舞剧演出主要由下列三种角色组成。

1）主角：主角是故事的核心人物，舞者需有一定水准的技巧与体力，最重要的是要有高超的舞蹈素养及品格，才能诠释剧中的人物。古典芭蕾双人舞是整个舞剧的重心，大都由男女主角担任。古典芭蕾舞剧双人舞结构次序是男女主角双人的慢板，然后是男主角独舞、女主角独舞，最后才是终曲双人快板，主角的艺术素养与技巧水准将于双人舞中呈现。

2）独舞者：独舞者是指具有主角技巧，而能单独演出者。

3）群舞者：群舞者虽然舞步较简单，但画面变化复杂，整场气氛烘托更是扮演着举足轻重的地位。每一位参与群舞者均非常重要，只要有一人乱了脚步，整体的画面就会被影响。

在课堂上运用身体-动觉智能的若干种方式

道具法

在课桌上摆放一些弹力球、特殊材质的骰子（如布料制作的）、彩色铅笔等物品，既可以配合教学活动，又可以让学员无意识地触摸，从而起到减轻压力的目的。

理论依据：发展心理学家亨利·哈罗通过恒河猴实验验证了人的"接触安慰需求"。哈罗和助手们选择与人类思维、习性最为接近的恒河猴作为实验对象，同时制作了两个人造母猴，它们的特征差异非常明显。

母猴A：用光滑的木头做身体，用海绵和软布做皮毛，在胸前安装一个奶瓶，体内还安装了一个灯泡。

母猴B：用铁丝做身体，用少量的布做皮毛，其他与母猴A相同。唯一不同的就是铁丝母猴没有木头母猴那样柔软的身体。

哈罗和助手们把两个人造母猴分别放在单独的屋子里，并让屋子与幼猴的笼子相通。之后，他们挑选八只幼猴，随机分成两组，一组由木头母猴喂养，另一组由铁丝母猴喂养（奶瓶）。

哈罗记录了幼猴出生后五个月的状况，结果令人惊讶。

几天的接触后，所有幼猴都喜欢整天跟木头母猴待在一起。而那些由铁丝母猴喂养的幼猴，只是为了吃奶才不得不离开木头母猴，但吃完奶后就迅速回到木头母猴那儿。

实验还发现，当幼猴受到惊吓时会不由自主地跑向木头母猴。

哈罗指出，幼猴们偏爱由绒布包裹的木头母猴，这种接触完全是为了获得心理安全感和激励力量。对于学员亦如此，没有谁喜欢严厉又古板的讲师。

动态雕塑

广东话剧团青年导演倪超老师为培训界的讲师、企业高管、律师、珠宝设计师等不同行业的学员们带来了一套以"能量"训练为基础的"演剧艺术"训练课程。我们的身体内在总是存在不同的情绪，以及由情绪带动的冲动，这一系列的冲动是推动我们行动、生活、创造的燃料。在现实生活中，我们内在的一系列合理的冲动并没有正向的引导，甚至被深深地压抑，从而导致在现实中出现一系列的阻力，无法将价值最大化。所以，我们需要在"假定性"下模拟不同的行动，或以角色扮演的方式训练我们的身心，让我们内在最有价值的能量以及潜力可以重塑爆发。倪超导演在课程中设置了一系列身体动觉训练，帮助学员挣开身体的束缚，学习用对身体的技巧，让情绪流动，让能量流动。

动态雕塑的操作步骤如下。

第一步：每组的学员要在短时间内，商议他们要集体创造出来的一个造型，角色和动作由学员自己进行分配和设计。

第二步：在全场闭上眼睛五秒之后，快速完成这个造型。

第三步：当小组成员完成动态雕塑的作业后，讲师会要求他们再次创造这个造型的前传和后续。

对于身体的动觉训练，学员们最大的感受就是在"放松"和"控制"之间快速切换，在表演中做到"动若脱兔，静若处子"，应用在培训中也要求收放自如，收是定力，放是张力，把握好二者之间的变化，就能张弛有度，形成一种美妙的节奏。所谓艺术，正是动静转化中的韵律。

第八章

音乐智能的开发与应用

丹尼之歌

美国歌手、作曲家丹尼·迪尔德福（Danny Deardorff）在婴儿时期就患上了小儿麻痹症。在病痛的折磨下，他的脊柱弯曲了，脚瘸了；但是从很小的时候起，他就通过歌声来表现其坚强的意志了。

当丹尼还是孩子时，他就开始编写歌曲，歌词带来沿街走过的邮递员，歌词将小虫子挡在外边、将凉风送进屋内的纱门。他所见到的一切都被他转化为歌词和音乐。

如今，丹尼已成为享誉世界的作曲家、演奏家、制片人和富有灵感的演说家。他荣获了不计其数的国家级奖项。丹尼相信音乐是一种非常有效的交流形式，它通过激发情感来触动心灵。丹尼的音乐传达着重要的社会性信息，例如学会投入地去爱、爱护环境、体会不同个体之间的差异。

音乐智能是指人们察觉、辨别、改变和表达音乐的能力。音乐智能帮助人们对声音的意义加以创造、沟通与理解，主要包括对节奏、音调或旋律、音色的敏感性。音乐智能对于儿童的个性形成具有独特作用，对于孩子来说，最容易接受的一个信号就是音乐。

音乐是最古老的艺术形式之一，它把人的声音和肢体作为天然的乐器和自我表现的手段。音乐伴随着我们来到人世。当我们还在母亲的子宫内时，就已经倾听了9个月的母亲的心跳。我们都在自己的心跳、呼吸和更微妙的新陈代谢节奏以及脑波活动的伴奏下生活。我们生来就拥有音乐能力，并能开发自己和他人的这种能力。

霍华德·加德纳在《智能的结构》一书中宣称，任何一个发育正常并经常接触音乐的人士都能巧妙地处理音调、节奏和音色，并能以某些技巧参与到包括作曲、歌词或演奏乐器在内的音乐活动中。学生对音乐的兴趣是在他们幼年时的家庭环境中形成的，并且学生的这种音乐经历可以被整合进整个学校的课程中。

这种可以整合进学校课程的音乐经历包括歌曲、动作、倾听和演奏乐器等探索声音的活动。另外，学校课程中的音乐文学多以民歌、古典音乐，以及来自不同文化、不同风格和不同时期的音乐为特征。

由于与情绪紧密相连，所以教室内的音乐可以提供一个有助于学习的积极环境。教师可以有目的地利用音乐来加强那些伟大的文学作品和历史故事中的悬念、忧伤、悲戚或欢乐气氛。甚至，音乐可用于达成幽默的目的，如巴赫所运用的音乐双关就是练习倾听和专心技巧的有趣工具。

虽然不是每个人都喜爱音乐，但是多数学生和成人喜爱节奏和旋律，并喜欢聆听或参加音乐活动。即使先前未接触过音乐的人也往往会喜欢通过音乐去学习，或在教室里执行不需语音的任务时喜欢欣赏音乐。

事实上，很多音乐活动可以用来促进其他学术内容的学习，将这些活动纳入课程之中并不需要特别的培训。

将音乐引入课室

在将音乐作为教室环境的一部分之前,教师要考虑:音响设备的状况,要播放的音乐类型,何时播放这首乐曲,以及文化的因素是否恰当。可参考如下指导意见。

音响设备,以质量好为佳,应该放置或安装于教室里。用置于教室中不同方位的有两个独立扬声器的声音系统播放出的音乐效果最佳。当两个扬声器之间保持一定距离时,所有学生都能较容易地收听到。

绝大多数教室缺少高品质的音响系统,而音质低劣的设备发出的声音会分散学生的注意力并打消其学习的积极性,意识到这一点非常重要。教师可以外带音响设备,为教室增加更多的设备选择。

由于多数家庭不会存有不同类型的音乐唱片,所以教师应该和他们的学生分享管弦乐队、室内演奏团或独奏者演奏的包括当代的、浪漫主义的、巴洛克的和经典乐章在内的大范围音乐代表作。世界各国优秀的音乐也应包括在内。

决定何时以及如何在教室里播放背景音乐非常重要。通常,在学生进入教室时、安静的阅读时间、个人工作期间、学习过程中、小组竞赛时、考核时,以及课题过渡时播放音乐比较有效。教师和学生可以通过调整一天或一节课的起始、中间或结束的时间来进行实验,以此决定对每个时间段而言什么样的音乐最有效。可以选择一些音乐选段来使那些活跃或好动的小组平静下来,或用音乐使疲乏的或昏昏欲睡的学生重新焕发活力。

有些研究表明,音乐可能会干扰语音工作,有些学生从事学术工作期间可能会被音乐分散注意力。通常,我们建议只偶尔在教室中播放背景音乐。仅仅几分钟的音乐就能够起到连接活动的桥梁作用。这种有限时间内的背景音乐会使喜爱音乐环境的学生受到旋律的刺激,又不会使那些觉得音乐分散注意力的学生感到不适。

如果教师计划在播放音乐时讲话，音量应被调至不影响他的嗓音大小。

学生们常常会反馈他们对于室内音乐的反应，这些反馈是有价值的。通过讨论，教师可以确定学生们偏爱的音乐选段、音量大小、播放时间以及声音系统的类型或放置地点等。确定这些要素之后，学生和教师就能合作创建一种积极的音乐学习环境。

以下是一些使课堂倾听多样化的当代和古典乐曲。

用以放松

《四季》	维瓦尔第
《内在旋律》	兰迪·克福顿
《水上音乐》	亨德尔
《牧神的午后》	德彪西
《丰盛的早餐》	雷·里奇
《绿袖子幻想曲》	沃恩·威廉斯

用以集中注意力

《长笛协奏曲》	维瓦尔第
《大协奏曲作品4第10-12号》	科雷利
《飞云》	喜多郎
《加速学习的音乐》	斯蒂文·哈尔彭
《C大调钢琴协奏曲》	莫扎特
《雪花飞舞》	德彪西

用以鼓舞

《亚历山大的宴会》	亨德尔
《梦游者之舞》	唐·坎贝尔
《十二平均律曲集》	巴赫

| 《嬉游曲》 | 莫扎特 |
| 《骗中骗》 | 电影原声音乐 |

用以过渡

《皇室焰火音乐》	亨德尔
《圣河》	库斯科
《挪威婚礼进行曲》	格里格
《微风吹》	乔治·本森
《新弗拉门戈》	奥特玛·李伯特

上面所建议的乐曲的使用依赖于音乐的主题，并需要以能够影响身体节律和心理变化的模式以及对称的方式进行编排。如果使用恰当，音乐将成为教室里教师和学员的得力工具。

塑造技巧的音乐

多数人都认识到了音乐对提高打字、游泳或有氧运动等身体技巧的显著作用。音乐节奏和旋律可以通过人们喜欢的方式增进学员的协调性、一致性及活动的速度。对年幼的孩子来说，随着音乐进行跳跃、队列行走、跑步或舞蹈可以发展节奏感和身体的优雅性。对年长的孩子和成年人来说，音乐伴奏可以使沉闷的锻炼和日常活动变得充满乐趣。音乐在发展时间感方面也有作用，如音乐在准备运动中的"1——2——3——跑"上的使用，又如在学习如何传达故事里的妙语中的作用。继而，音乐在塑造技巧方面的影响可以从运动领域扩展到学术领域。

音乐和学习技巧

下面的两项研究显示背景音乐可以提高学生的学习技巧。1952年，霍尔（Hall）进行的实验表明，当在学习大厅中播放背景音乐时，高中三年级学生的阅读理解水平就会提高。1997年，由柯克顿（Cockerton）、摩尔（Moore）和诺曼（Norman）进行的一项研究显示，播放音乐时，大学生会明显地意识到自己的思考水平和认知技巧有所提高。但如果学生安静地学习的话，上述的收获并不明显。

用音乐促进语言技巧

在帮助英语学习者提高他们的口头语言或书面语言技巧时，音乐可以成为绝佳的服务工具。1992年，教育工作者蒂姆·墨菲（Tim Murphey）分析了许多流行歌曲的歌词，他发现这些歌词的特征对那些学习英语的人会有帮助。绝大多数流行歌曲使用了交流性的语音、重复的词语和语法结构。这些歌词常常以慢于口语的速度进行吟唱，歌词的意思便于理解。这些特性使许多歌曲成为语言技巧练习的绝佳工具。

有很多听、说、读、写的策略是以歌曲为基础的。学生可以听一首歌，与此同时，教师向其提供有关这首歌的故事梗概和主题摘要。然后学生可以进行小组工作来口述歌词并大声地朗读歌词。学生还可以将歌曲中的文化假设同本文化的假设进行比较。

为了进行阅读，教师可以将歌词分割成几段让学生按顺序进行排列。为了从事该活动，教师可以先从互联网或唱片的歌词单中找到这样的歌词。歌词也常常提供了可以充实学生理解能力的丰富词汇资源。适合学习语言技巧的歌曲有很多，例如甲壳虫乐队的《昨天》（Yesterday）、卡罗尔·金（Carole King）的《太晚了》（It's Too Late）和皮特·西格（Pete Seeger）的《那些花儿都去哪儿了？》（Where Have All the Flowers Gone？）。

音乐在培训中的应用

由于音乐具有陶冶情操、引发想象及联想、渲染环境气氛、引发生理及心理共鸣的潜力、引发思考、增加行动力、改善学习能力、催眠、冥想以及传递培训效果等作用，因此，音乐也常常被用在培训中。

音乐在游戏中的使用技巧

不同游戏应使用不同的音乐引导，音乐是游戏分享时的重要组成部分，音乐应随学员的情绪变化而改变，灯光需要与音乐进行配合使用。

举例：蒙眼障碍走、撕纸、过电网。

催眠与冥想

催眠是以人为诱导（如放松、单调刺激、集中注意力、想象等）引起的一种特殊的类似睡眠又非睡眠的意识恍惚心理状态。其特点是被催眠者自主判断、自主意愿行动减弱或丧失，感觉、知觉发生歪曲或丧失。在催眠过程中，被催眠者遵从催眠师的暗示或指示，并做出反应。催眠的深度因个体的催眠感受性、催眠师的威信与技巧等的差异而不同。催眠时暗示所产生的效应可延续到催眠后的觉醒活动中。以一定程序的诱导使被催眠者进入催眠状态的方法就称为催眠术。

催眠和冥想的意义其实是相通的，都是用以改变情绪、放松身心，只是冥想偏向个人。一般来说，冥想比较适合在特定的环境（如安静、私人空间）来做，催眠相较而言没有这方面的限制。

催眠冥想中的音乐技巧有：音乐需要连续，建议以两台DVD进行操作；声音大小适中，以让人感觉舒服为标准；音乐根据要引导的方向进行选择；当中不允许有人走动或手机发出声音；引导随音乐的起伏而变化；结束时缓缓结束，让学员有清醒的时间。

建议先参考：《世界催眠大师马丁·圣詹姆斯教你成为销售催眠大师》。

培训中的音乐技巧

开场音乐：以热烈、有激情的音乐为主，如果有手语视频也可以，比如《我真的很不错》《真心英雄》等。

中场音乐：以舒缓、轻柔的音乐为主，比如小提琴曲、钢琴曲等。

收场音乐：以有行动力、励志的音乐为主，比如《日出东方》《大家一起来》《生命之杯》。

如果你要整场使用音乐，自己要仔细听一遍音乐，防止中间出现大的波折，影响磁场。

常备音乐：《烛光里的妈妈》《征服》《小夜曲》《摇篮曲》《壮志在我胸》《从头再来》《被遗忘的时光》《不见不散》《真心英雄》《众人划桨开大船》《感恩的心》《父亲和我》《在你面前我好想流泪》《有多少爱可以重来》《忙与盲》《感谢你》《有你有我》《明天更美好》《同一首歌》《斗牛士之歌》《思念谁》《我这个你不爱的人》《朋友别哭》《天亮了》《阳光总在风雨后》《日出东方》《健康歌》《你快回来》等。

音乐是全世界共同的语言，是世界上最引人入胜的一种东西，而且越来越多的人已经认识到音乐的神奇力量。把音乐作为背景用于烘托其他事物，效果妙不可言。在培训过程中，如果播放一些事先选好的音乐，不仅能鼓舞人心，使受训者精神振奋，而且可以大大提升培训的效果。

音乐在培训中所起的作用

首先，音乐具有激励作用。好的培训背景音乐能激发学员形成一种情绪高昂、奋发进取的心态。日本松下电器公司每年都对新员工进行封闭培训。培训前，无论是董事长、部长、科长还是新员工，都要全体起立齐声高唱公司的厂歌（社歌）。雄壮有力的歌声在大厅里久久回荡，人人脸上都洋溢着激动幸福的光泽，让新员工感到作为一个松下人的自豪，并在一开始就把"和亲合作，全员至诚，一致团结，服务社会"这种信条和理念融入脑海，成为今后工作的动力源。

其次，音乐具有消除培训室内负面能量干扰的作用。尤其是在炎热的夏季做培训，学员很容易疲劳。要消除这些负面能量，培训师除了应该注重自己的培训内容和培训技巧，还应适当地选择一些背景音乐。

最后，音乐具有调动培训学员积极参与、正面思考的作用。一位培训师曾说："我觉得企业培训前放一段节奏感强一些的音乐比较好，这样能把培训前的情绪调动起来。"在培训前，给员工一种自信心和一个很振奋的心情很重要，而好的培训背景音乐很容易激发学员藏于内心的振奋。

根据培训对象选择音乐

一般情况下，企业组织的内训，或者诸如财务、销售等比较专业的培训项目，其培训对象以中青年居多，应选择以振奋人心和鼓舞士气的音乐为主的培训背景音乐，像《不要认为自己没有用》《我真的很不错》等歌曲，一下子就能把学员的情绪调动起来，效果非常不错。

此外，对高端人才（中年人居多）进行培训前，也需要播放一些雄壮有力的歌曲，如1981年影片《火之战车》的主题曲（作曲者：卡尔·欧菲）。在音乐的伴奏下，培训师精神饱满地走上讲台，会给学员耳目一新的感觉。

根据培训内容选择音乐

培训背景音乐的选择应和培训内容相结合。以上两种情景背景音乐的确定，通常是围绕企业文化建设、提高执行力等内容。针对一些专业人员的培训，如营销人员提高市场开拓能力和营销策略的培训，就需要这种背景音乐。新员工入厂后的厂情、厂史、厂规教育，也需要这种背景音乐。企业为了全面提升班组长的执行力、中层干部的组织协调力而进行的高端培训，同样可以播放背景音乐。

根据培训时段选择音乐

培训时段通常分为培训前、培训休息期间（茶歇）和培训结束三个阶段。无论是短期的还是长期的培训课程，在开场时使用合适的音乐，可以迅速拉近讲师和学员间的距离。方法是：开幻灯片前放一些温馨的歌曲或音乐。对于两节以上的课程，讲师可以充分利用课间休息时间播放音乐，如《卡布里的月光》（出自班德瑞的《日光海岸》），同时在背景大屏幕上穿插播放一些幽默诙谐的图片。

在这样轻松愉快的环境下，学员可以边放松边交流，缓解学员听课的紧张和压力。培训结束时的最后一张幻灯片配置《祈祷》或者《朋友》等类型的音乐。

使用背景音乐的注意事项

1）音乐是配合讲师而存在的，特别是背景音乐，不能抢讲师麦克风的风头。

2）所有的音乐开启的时候，一定是由低到高，声音大小适中，以让人感觉舒服为标准。同时，讲师要配合语速和声调的变化掌控音量。

3）上场音乐第一声一般要震撼，伴随着主持人"有请……"而推出，之后紧接着节奏而提高音量。等到与主持人握手时，音量推至最高。讲师准备开始说话时，逐渐降低音量，只留些许声音。等嘉宾向全场问好后，再次快速推高音量至高潮，一般停留五秒左右，待嘉宾再次准备说话时，降低至无声。

4）背景音乐，通常情况下，音量若有若无。讲师说话时几乎听不到，在语句之间停顿时可以听到。

5）随着讲师的语调和情绪而选择背景音乐，控制音量起伏。

6）灯光需要与音乐进行配合使用。

7）如果你要整场使用音乐，自己应仔细听一遍音乐，防止中间出现大的波折，影响磁场。

8）音乐根据要引导的方向进行选择。

第九章

人际关系智能的开发与应用

早在 2003 年,加州大学洛杉矶分校做了一个非常有名的关于"排斥"的功能性核磁共振实验,并把实验结果论文发表在《科学》上。截至 2015 年 4 月,这篇论文已经被引用了 2150 次。"排挤人"真的会让人受到伤害吗?这类社会排斥所导致的心理疼痛与物理疼痛相似吗?研究人员让受试者做 MRI 扫描时,参加虚拟的多人抛接球游戏(就是多个人围成一个圈,然后互相抛球并接住),玩了一会儿后,逐渐不再给受试者递球,换言之,其他的虚拟玩家将受试者排斥在圈子之外。与物理疼痛的多个研究结果相比较,这个实验发现:

- 与"一直没有被排斥"的状态相比,被排斥的时候,大脑的前扣带回皮层(ACC)更加活跃,强度与自我评价的心理不适感成正相关。
- 同样在被排斥的状态下,大脑的右脑前额下腹更加活跃,并且强度与自我评价的心理不适感成负相关。

这篇论文为研究"社会心理疼痛"奠定了理论基础,被拒绝、被孤立或失去珍惜之物都会导致与物理疼痛相似而又不同的"社会心理疼痛"。

因为我们是高度社会化的物种，所以当我们拥有健康的人际关系时，就会感到舒服，从而更多地投入群体活动中。如果我们被剥夺了健康的人际关系，处于孤独的境地，就会出现很多问题，尤其是情绪上的问题，会产生诸如愤怒、悲痛、恐惧、厌恶、轻蔑等负面情绪。如果一个学员在课堂上被排斥，就会产生上述情绪问题，进而影响这个学员的学习状态和学习效率，甚至因为情绪的传播性，影响整个班级的学习效果。

汤姆金斯模式

心理学家汤姆金斯确定了人类的九种基本情绪，其中一些互相配对，配对率越高，表达越高效。具体内容如下：

1）享受（低）、喜悦（高）。这是对成功的积极反应，情绪越高，分享意愿就越强。

2）兴趣（低）、兴奋（高）。这是对新形势的积极反应，情绪越高，参与感就越强。

3）惊讶（低）、惊吓（高）。这是对突然变化的中性反应，可以使我们的冲动清零。

4）愤怒（低）、愤怒（高）。这是对威胁的消极反应，情绪越高，身体或言语攻击就越强烈。

5）悲痛（低）、苦恼（高）。这是对损失的消极反应。

6）恐惧（低）、惊骇（高）。这是对危险的消极反应，情绪越高，就越有逃跑或躲避的冲动。

7）羞耻（低）、羞辱（高）。这是对失败的消极反应，因此人们需要检讨自己的行为。

8）厌恶。这是对不好的产品的消极反应，并不一定限于食物，而且它会激发驱逐和拒绝。

9）轻蔑。这是对排斥情况的一种消极反应，它加强了逃避或与某人某事保持距离的冲动。

任何情绪都不应被忽视、压抑或废弃，作为培训师要增强正面情绪对负面情绪的影响，营造一个朝气蓬勃的课堂氛围，来提升学习过程中的个体表现和团队表现。但是从进化的角度看，人类对消极刺激的敏感度要高于积极刺激。在原始人类时代，消极情绪比积极情绪更能确保生存，因为恐惧而与猛兽保持距离的原始人比因为好奇而接近猛兽的原始人更容易生存，所以有个说法：积极事件必须比消极事件多3倍，才能得到一个有利的结果。因此，一位培训师如何在培训中激发学员的积极情绪，引导学员之间良好的人际关系，对现场消极情绪保持警惕，是除授课技巧之外的一项必修课。

汤姆金斯模式在培训中的应用

1. 处理积极情绪

1）庆祝。任何成功，即使是最小的成功，也要为学员和培训班组织一次庆祝活动。虽然庆祝活动的规模和类型应该与成功的规模和类型直接相关，但绝不允许不庆祝成功的事件发生，无论成功有多小，都要庆祝。庆祝是一种社会过程，而不是个人过程。

2）探索。对新的数据、人员、情况、案例等进行研究，应该以真正的兴趣，甚至是激动的心情来看待。根据汤姆金斯研究所（2014）的说法，这种方法直接将有效的思维和良好的情感联系起来，因为学习是一个有益的过程。通过激动地探索你周围的世界，可以不断地改进你的思想和记忆，这是加强接触的最安全的方式。

2. 处理中性情绪

停下来想一想。当学员经历突然的、令人惊讶的、不愿接受的学习体验时，培训师不要滔滔不绝地讲新的内容，而是停下来，给学员留出时间思考。

3. 处理负面情绪

1）警示。当情况看起来不利时，大脑就会自然地陷入悲痛的情绪。对培训师和学员来说，意识到出现问题是一个很好的机会，可以围绕问题寻找解决方案，同时也是学习新知识、新技能的好机会。在困境中保持沉默或试图忽视问题是最糟糕的选择，会让学员长时间地陷入问题中而无法将学习进行下去。

2）反复检查。厌恶是指吞下太多与我们自身价值观、态度和观点不符的东西，这是一种冲动的反应，拒绝接受新事物、人、想法。培训师不要表现出轻视和疏远别人，当感觉有种冲动要立即驱逐某人或禁止某事时，最好是再次检查这个反应来自哪里。同样的道理也适用于"轻蔑"，字面意思是把我们自己从某件事情中迅速转移出来。反复检查这种冲动产生的原因很重要，要确定这是不是最好的行动，或者只是被环境和我们自己的偏见所愚弄。

普拉特切克理论

普拉特切克博士（2001）从他的基本情绪的观点出发，认为他提出的八个核心情绪都有一个对立面：

快乐伴随悲伤

信任伴随厌恶

恐惧伴随愤怒

惊讶伴随期待

了解情绪的对立面是很重要的，因为当你经历一种基本情绪的时候，你就能分辨它的对立面是什么，并采取必要的行动。例如，当你不信任一个学员，而你想改善情况时，你需要降低厌恶感，因为我们已经看到了拒绝和驱逐。你可以仔细检查事实，重新审视自己的感受，并在你自己身上找出这个学员提供的东西与你自己的幸福相反的原因。

当学员不信任你的时候，这种方法也行得通。

普拉特切克博士甚至进一步把两种情绪放在一起创造新的情感，他指出这些成分的情绪可以帮助我们更好地处理某种情绪。主要组合如下：

快乐和信任创造爱（A），对立面是由悲伤和厌恶创造的悔恨（B）。

信任和恐惧创造服从（C），对立面是由厌恶和愤怒创造的轻蔑（D）。

恐惧和惊讶创造敬畏（E），对立面是由愤怒和期待创造的攻击（F）。

惊讶和悲伤创造反对（G），对立面是由期待和快乐创造的乐观（H）。

这简直就是提供了一个情绪公式或情绪配方。培训课堂上是应该洋溢着爱、乐观、信任，还是充斥着反对、攻击、服从，全由培训师来因势利导、按方调配。如果想得到"爱"，就必须提供"快乐"和"信任"；如果不想得到"攻击"，就要减少"愤怒"的种子或者管理好学员的"期待"。

很多研究表明，当学员具有归属感，并且当课堂发挥着关怀性社区的功能时，学员的学习就会变得更高效、更有趣。然而，如何创设这样的环境呢？

1）首先要将班级中大量独立的个体聚合为一个个有效的、有凝聚力的团队。

什么才是有效的、有凝聚力的团队呢？目前，在国内的大部分培训课堂上，培训师都会将学员分成一个个小组，在课堂的讨论环节以小组为单位展开，并且展开适度的小组竞争。然而，很多课堂并没有完全发挥小组的能量，小组中往往只有两三个人比较积极，其他组员都是来"打酱油"的,甚至于有些课堂上,除了小组长因责任在身迫不得已参与,其他组员都在旁边看热闹。这样的小组流于形式,形同虚设。

要让小组发挥应有的能量,比较好的做法有两个。

①小组人数不宜多,大约为5个人最好。

这并不是一个臆想出来的武断数字。西方教育学家肯·布鲁菲(Ken Bruffee)在他关于小组规模研究的总结中建议,5人是小组讨论的一个理想数字,增加人数会使讨论不够广泛、充分,减少人数则会降低讨论的效率和水平。

②平均分配领导职能,让小组每位成员都有承担的角色和职责。

5人小组可以这样分配角色:组长、发言官、观察员、记录员、计时员。当然也可以给这5个角色冠以更容易让学员感兴趣的头衔,如司令、政委、团长、营长、连长等。而且,对于一些持续两三天的培训课程,还可以每天换组长,让大家都有当团队领导的体验。

2)加强学员之间的伙伴关系。

在课程开始前,暖场的环节要做足,以保证小组内的学员互相认识并迅速熟悉彼此,同时最好让学员能与小组外的至少3个学员认识并互相熟悉。

3)适当安排小组与小组之间的交流。

当全班被分成小组后,学员容易在固定的小组内活动,这就减少了他们与别的小组之间的交流,使课堂的交流单一化,也令学员缺少了与更多人展开人际交往的机会。所以,适当地增加小组间的交流互动,能有效地促进课堂良好氛围的形成和学员的学习。

在某次内训师项目的选题环节中,我应用协作教学方式,让现场的两个内训师小组组成协作单位,每个小组各派出一位内训师去另一个小组介绍自己的课程。在内训师去其他小组介绍课程时,这个倾听的小组要扮演这位内训师所选课题的准学员,站在学员的角度给予这位内训师关于选题的建议。半天的活动结束后,很多内训师都非常有收获,其中一位内训师说:"从这个活动中,我意识到,在以往所开发的课程中,我总是想着自己要讲什么,而没有关注学员需要什么。今天的学习让我受益匪浅,有很大的触动,无论是对我的课程的选题,还是对我的业务工作。"

最具代表性人物:刘邦和项羽

刘邦和项羽,一个出身平民,甚至是个流氓,一个出身贵族,是个英雄。本是两个毫无交集的人,在秦末风云际会之时,碰撞在一起,成为彼此一生的对手。最终刘邦战胜项羽,常常让人觉得匪夷所思。因为就家庭背景、集团实力和个人魅力而言,刘邦可是被项羽远远地甩在身后。刘邦以布衣之身起于草莽,战胜项羽并成就霸业的原因可能是综合性的、复杂的,史学家们也探究了千年,但一个非常重要的原因就是他善于处理人际关系。

刘邦在一次庆功总结会上说:"夫运筹帷幄之中,决胜千里之外,吾不如子房;填国家,抚百姓,给饷馈,不绝粮道,吾不如萧何;连百万之众,战必胜,攻必取,吾不如韩信。三者皆人杰,吾能用之,此吾所以取天下者也。项羽有一范增而不能用,此所以为我禽也。"这段话众所周知,是刘邦对自己成功秘诀的总结。

但是刘邦集团成员的组成成分远比三人杰来得复杂,比如有以屠狗的樊哙、贩布的灌婴、车夫娄敬、吹鼓手周勃等为代表的社会底层民众,刘邦天然擅长跟这些人打交道。刘邦在做亭长的时候,有次押送刑徒去骊山修阿房宫,估计看守得不严,一路都有刑徒逃亡,他觉得到了骊山的时候不好交差,决定干脆跟大家一起逃亡于山泽。《史记》称刘邦:"宽仁爱人,意豁如也,常有大度,不事家人生产作业。"当然还有另外极其生猛的四个字"好酒及色"。意思是这个人比较喜欢结交朋友、讲义气、说大话,在家里不好好劳动生产,喜欢在外游荡,喜欢喝酒和美女。可见刘邦本身就是一个地方上的无赖，所以很擅长跟樊哙、周勃等底层无产者打交道，这些人后来成了刘邦手下冲锋陷阵的勇将。

刘邦集团成员的组成成分还有以萧何、曹参为代表的县一级基层官吏，他们有管理和组织的才能。这类人是刘邦起家最早的智囊团班底，他们共同为刘邦出谋划策，推选刘邦为沛县县令，即"沛公"，最后萧何和曹参都官至宰相，后来有个成语叫"萧规曹随"，说的就是这两个人。萧何是刘邦集团的大管家，他早期做出的突出贡献有两个：一个贡献是，刘邦打进关中，进军咸阳，军队冲到城里后，那些将军在干什么呢？在抢金银财宝，或者抢女人。只有萧何冲进秦王朝的档案馆，把秦朝的地图、账本、各种文献资料全部保存下来了，这为刘邦最后统一天下提前做好了准备。萧何的另一个贡献就是把韩信留下来了。

起初，韩信在刘邦手下混得不是很如意。此处不留爷，自有留爷处，所以韩信就走了。韩信一走，萧何就着急了，甚至来不及向刘邦汇报，就连夜去追韩信。刘邦一听很生气，那么多将军走了不见你萧何去追，这么个不知名的韩信值得你连夜去追吗？萧何说："大王，其他人都是普通人才，一抓一大把，当然不值得我去追，但是韩信不是普通人才，他是一个大人才，大到什么程度呢？叫'国士无双'，国士就是一个国家中最优秀的人才，再加上无双呢，那就是独一无二的顶级人才了。现在我把韩信追回来了，你一定要重用他，不然他还是会走。"大家都知道，萧何是最早和刘邦一起起事的下属，刘邦很信任他。所以刘邦说，那好吧，看你的面子，也让他当个将军。萧何说，那不行，当将军他还是要走的。刘邦说，那么跋？那就当大将军好了。萧何说，"幸甚"——那太好了。

估计刘邦当时就是随口一说，没想到萧何说太好了，君无戏言，没办法回转了。刘邦说，那好，你去把那个叫韩信的给我叫过来，寡人就让他当个大将军。萧何说，就这么着可不行。刘邦问，怎么还不行？萧何说，你这个人啊，就是这个毛病，没礼貌，不懂得尊重人才，一个大将军是阿猫阿狗呼之即来挥之即去的吗？你应该做四件事：第一是择吉，选一个黄道吉日；第二是斋戒，大王你虽然喜酒及色，也要坚持吃三天素；第三是筑坛，要专门建一个拜将坛；第四是具礼，要把所有的礼仪都准备好，沐浴更衣，恭恭敬敬地拜他做大将军。刘邦说，那好吧。

刘邦这个人，虽然没什么文化，为人粗鲁、爱骂人、自己也没什么本事，但他有一个突出的优点：听得进意见——你给他提个意见，只要他认为是正确的就一定会采纳。所以他跟萧何这帮管理人员也互动得很好，而这些人也不负众望，皆成了治国良才。易中天老师对刘邦的评价是"毛病虽多改得快，水平虽差悟性高"，可谓一语中的、恰如其分。

最后才是以三人杰为代表的陆续加盟的士大夫阶层。他们有的是刘邦在沛县起事时就参与其中的，如萧何与曹参；有的是在刘邦行军过程中，陆续来到刘邦身边的，如郦食其、陆贾、叔孙通；有的是在项羽那里不得志，然后转而投奔刘邦的，如韩信和陈平。其中有的人是文武全才，如韩信与曹参；大部分是出谋划策和游说之士，用现在的话说，他们既当参谋，又当外交使节，纵横捭阖于各国之间。春秋末和战国时期，士大夫这个阶层崛起，他们周游列国，在各国兼并战争中寻找自己大展宏图的机会。在这个过程中，谁能集结这个阶层的智慧，充分激发他们的聪明才智，谁往往就会是最终的胜利者。

其中最典型的例子就是陈平。易中天老师在《品三国前传之汉代风云人物》中写了这样一个故事：陈平从项羽那边过来投靠刘邦后，就得到刘邦的信任，这让很多刘邦手下的老将，如周勃、灌婴等粗人很不满意，就有人跑到刘邦那里说陈平的坏话，给陈平列举的罪状是八个字——盗嫂受金，反复无常。盗嫂就是和自己的嫂子通奸，受金就是接受红包。反复无常指的是陈平原来在魏王那里，然后跑到项羽那里，现在又跑到刘邦这里。这样一个没有道德、反复无常的人怎么能得到重用呢？这一状告上来，刘邦就不能不当一回事了。于是，刘邦就把当初推荐陈平的魏无知找来，责备他说，你这是怎么回事呢？怎么给我推荐一个小人过来呢？魏无知是这样回答的："臣所言者能也，陛下所问者行也。"意思是：我向你推荐的时候，讲的是他的才能；而陛下你现在责备我的，是他的德行。这个才和德可是两个概念，有才的不一定有德，有德的也不一定有才，我们现在是一个什么样的状态呢？我们现在处在一个非常艰难的时期，需要突出重围，我们更应该看重的是一个人的才。

这个故事在《汉书·陈平传》中有记载，绛侯、灌婴等咸馋平曰："平虽美丈夫，如冠玉耳，其中未必有也。臣闻平居家时，盗其嫂；事魏不容，亡归楚；归楚不中，又亡归汉。今日大王尊官之，令护军。臣闻平受诸将金，金多者得善处，金少者得恶处。平，反覆乱臣也，原王察之。"刘邦确实不是常人，在对魏无知和陈平本人做了任职调查后，对陈平说，对不起，我错了，是寡人怠慢先生了，请先生不要介意，请先生继续留在寡人军中。就是这个陈平，后来屡出奇计，多次帮刘邦化解了各种危机。

正是处理好了这些形形色色的复杂的人际关系，做到人尽其才，才尽其用，刘邦才最终取得天下。反观刘邦的对手项羽，在这方面差得远了。

陈平和韩信都是从项羽阵营中逃出来的，所以对项羽比较了解。《汉书·陈平传》记载了陈平的一段话："项王不信人，其所任爱，非诸项即妻之昆弟，虽有奇士不能用。"意思是，项王不相信人，他任命干部的时候，如果不是姓项的或者项羽老婆的兄弟，哪怕你是个奇才也得不到任用。而韩信也对刘邦说过，项羽这个人有两个看起来是优点其实却是缺点的特点。第一点是，项羽这个人身材雄伟、力大无比、英勇善战——史书记载项羽是力能扛鼎——而且每次打仗，项羽都是身先士卒打冲锋，这一点刘邦是比不上他的。但是项羽不懂得使用人才，他手下的那些能人、贤良的人士、勇敢的人士、有智慧的人士，他都不懂得正确使用，只知道自己一个人去冲锋陷阵，这种勇敢叫什么？韩信给了四个字的评价：匹夫之勇。第二点是，项羽这个人对人非常有礼貌，心肠也很软，手下的士兵负伤他都要亲自探望。但是另一方面他又很小气，手下的将领冲锋陷阵、浴血奋战、建功立业，就应该封官赐爵啊，可项羽是怎么做的呢？他铸好一个官印后，拿在手里不舍得给，在手上磨来磨去，最后把一个方印的棱角都磨圆了，就是不舍得给人。这叫什么？这叫"妇人之仁"。他只懂得小恩小惠，流着泪给将士送饭，可一说到封官，他就不舍得了。

一个国家或组织总需要以下几方面的人：一个是领导者或决策者；一个是参谋人员，他要善于观察分析形势，既能提出方案，又能上下一致地做好思想工作；一个是组织实施者，在朝堂上，需要治国之良才，在战场上，需要陷阵之猛将。这三方面的成员分工合作相互配合得好，才能保障国家或组织顺利地发展。领导者需要高超的人际关系智能，在楚汉相争的时期，正面的典型代表就是刘邦，反面教材就是项羽了。

在课堂上应用人际关系智能的若干种方式

寻找另一半

第一步：培训师事先按学员人数准备一定数量的索引卡，每两张卡片上印刷同一个图案，如：

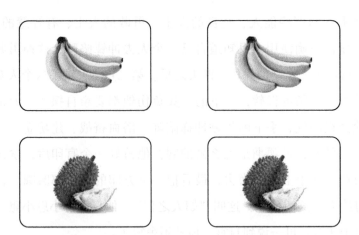

第二步：培训师将所有索引卡打乱，然后给每位学员发一张，并要求学员找到和自己拿到的索引卡上的图案一样的另一位学员。

第三步：学员找到自己的"另一半"后，互相问好并自我介绍一分钟。

采蜜法

第一步：确定一个要讨论的问题，比如，如果我们在课堂上遇到学员不听指令，这时怎么办？

第二步：每个人单独写下三个解决方法，最好是创新的方法而不是常见的方法。

第三步：在教室里跟其他学员交流方法，不要在本小组内交流。

第四步：内容很相似就不用交换，基于不雷同法则，找下一个"蜜蜂"。

第五步：采完蜜（其他人的方法）马上回来，别闲聊。

第六步：回蜂巢（小组）后，小组内分享采回来的蜜。

第七步：小组共同选取一个最有趣的方法，但不要说出来，本小组成员知道就可以了。

第九章　人际关系智能的开发与应用　155

第八步：给全部同学发红点贴纸进行投票，巡视所有的蜂巢纸（方法），每人有 7 个点可用，贴在自己认为有趣的方法上，不能贴自己组的，7 个点要用完，在全班范围内统计评选出最受欢迎的方法。

鱼缸会议

"鱼缸会议"的形式并不复杂，参加"鱼缸会议"的成员在培训师的引领下，本着真诚沟通、合作共赢的精神围坐在一起。某位被邀请进入圈中的成员（鱼）接触来自其他学员的一切有利于其发展和提升的观点和建议。在此期间，圈中的"鱼"自始至终不能发言，只能倾听他人给予的意见和建议，就好像是鱼缸中供人观赏的鱼。参加"鱼缸会议"的其他成员会以真诚、恳切的言辞对其进行集中的反馈。之后，其他学员轮流进入圈中，作为"鱼"接受伙伴们的反馈。在这种相互反馈的过程中，伙伴们的心扉打开，坦诚交流的氛围也逐渐形成。

"鱼缸会议"强调成员间的真诚反馈，提倡理解和互信，营造温暖关怀的学习氛围，有利于塑造积极向上、坦诚沟通的学习文化，同时还可以建立起学员之间良好的人际关系，为学员个体参与课堂集体学习注入勃勃生机。"鱼缸会议"的成功举办，有赖于营造良好的沟通氛围,布置舒适的沟通场地。座位安排应紧凑,便于大家放下紧张和防卫心理,打开彼此的心扉。

召开"鱼缸会议"的步骤如下。

第一步:明确"鱼缸会议"的主题。

第二步:培训师向每一位参与者说明会议的目的和主题,以及会议中应遵守的规则等。

第三步:每个小组的人数控制在10人左右,围坐成一圈。

第四步:明确"鱼"和"水"的角色。会议开始后,每个人逐一作为"鱼"轮流坐在圈的中间,讲述自己的优点和不足。之后,邀请其他坐在周围的人,即"水",逐一对"鱼"进行反馈。在这个过程中,"鱼"只能倾听(可以在每一位成员说完后简单地说声"谢谢"),但不进行解释。

第五步:在他人的反馈结束后,每个当事人(即"鱼")要表达真心的感谢。

我在一次课程中作为"鱼"亲身体验了"鱼缸会议"的魅力,几年时间过去了,当时的几个反馈还像石刻一样印在脑海中。比如,有学员反馈说,"金老师喜欢听好听的话,例如……",还有学员反馈说,"金老师比较小气,例如……"。当时我的第一反应就是很生气,想要反驳,因为我自认为我既不是一个听不进意见的人,也不是一个小气的人,对朋友而言还是一个很大方的人。但是"鱼缸会议"的规则要求我只能聆听,说实话,听着听着我就开始反思:为什么其他人有这样的感觉?我的哪些行为让大家有了这样的感觉?我应该如何改变自己的行为?到了第五步,我已能发自内心地感谢大家对我的这些直言不讳的反馈了,看来在此过程中我的人际关系智能得到了很好的锻炼。所以,"鱼缸会议"这个活动不仅可以营造良好的沟通氛围,还能训练参与其中的学员的人际关系智能。

第十章

内省智能的开发与应用

当学员开始反思的时候，学习开始发生；当学员开始内省的时候，智慧开始出现。所以，培训师的一个主要任务就是在课堂上努力创造让学员反思和内省的时刻。

从学习内容来说，培训师在课堂上并不是讲得越多越好、讲得越快越好、讲得越长越好，而是相反。所以，我们说，少就是多、慢就是多、短就是多，因为只有这样学员才有时间来反思和内省。

培训师往往很害怕课堂上突然出现的静默，大家都不出声，静得一根针落地的声音都能听得见，好像会发生什么事情。或者是培训师提出问题后，没有人来回答问题，所以培训师就急急忙忙、滔滔不绝地给出自己的答案，不给学员的大脑留出思考的空隙。其实有经验的培训师往往会故意在课堂上制造一种停顿，让学员思考消化，让学习内容迁移转化。

少就是多

从教学内容来说，由于学习者工作记忆容量有限，一次性处理的新项目数目在 7 个左右。如果培训师为了完成教学任务，在一堂课中讲了尽可能多的知识，并且砍掉那些看似没有价值的活动，如反思、讨论、同伴分享等，其实违背了认知的基本规律，不利于学习者学习。

此外，短时记忆的材料要转化为长时记忆，需要学习者进行有意义的学习，让学习者通过一种对个人有意义的方式来巩固和内化信息，从而达到对知识的理解。因此，培训师应该讲授核心的概念，并通过各种方式和途径，将其与学习者已有经验紧密联结，产生有意义的学习。这样习得的知识具有更大的迁移价值。

如果培训师一次性教给学习者过多的知识，而不留时间让学习者去建立意义，那么学习者很难真正理解这些知识，也就很难记住这些知识。因此，与其讲很多概念和知识，不如将少数核心概念讲透，将其与学习者的生活经验联系起来，这样学习者对这些核心概念的理解才会更加深刻，其学习迁移能力才能更强。

慢就是多

从教学节奏来说，由于大脑学习与记忆有一个遗忘的过程，没有重复学习的过程，很多知识是不会进入长时记忆的。培训师要做的就是慢下来，让学习者不断回顾所学内容，对所学内容进行练习与加工，赋予学习新的意义。

回顾时间要安排得合理，要根据学习遗忘曲线来进行。巴洛格（Balogh）提出了一个"20—2—20"原则：

20＝在 20 分钟内重点解释。在一堂课的前 20 分钟之内，让学习者用不同的形式，如同伴讨论、课堂讨论，重点解释他们刚学的内容。

2＝在两天内复习并应用。在开始学习的前两天内，巴洛格要求学习者复习并应用新的知识,经常采用的形式有思维导图、写作片段或相关的问题解决。

20=在 20 天内反思和更多地应用。形式可以有辩论、写作、角色扮演、讨论、小组分享等。

这种方法看似多花了时间,节奏慢了下来,但是让学习者对知识的掌握更加牢固,留在大脑中的知识其实更多。

短就是多

从教学过程安排来说,由于学习者的有意注意时间较短,往往只有一二十分钟,所以,让学习者在课堂上长时间集中注意力去学习一样东西,是比较困难的,这违背了大脑自然的运作规律。为此,课堂中每项需要集中注意力的学习活动时间要控制在十几分钟之内,以确保学习者真正投入其中。

大家阅读一下下面这篇由意大利作家伊塔洛·卡尔维诺写的短文:《呼喊特丽莎的人》,读完后反思一下自己有什么收获。

> 我迈出人行道,朝后退几步,抬起头,然后,在街中央,双手放在嘴上做喇叭状,对着这一街区的最高建筑物喊:"特丽莎!"
>
> 我的影子受了月亮的惊吓,蜷缩在我的两脚之间。
>
> 有人走过。我又叫了一声:"特丽莎!"那人走近我,问:"你不叫得响一点,她是听不到的。让我们一起来吧。这样,数一二三,数到三时我们一起叫。"于是他数"一,二,三",然后我们一齐吼:"特——丽——莎!"
>
> 一小撮从电影院或咖啡馆里出来的人走过,看见了我们。他们说:"来,我们帮你们一起喊。"他们就在街中心加入了我们的行列,第一个人数"一,二,三",然后大家一齐喊:"特——

丽——莎！"

又有过路人加入我们的行列。一刻钟后，就成了一大群人，大约有20个吧。而且，还不时地有新成员加入。

要把我们这么一群人组织起来同时喊叫可不容易。总是有人在没数到"三"之前就叫了，还有人尾音拖得太长，但最后我们相当有效地组织起来了。大家达成一致，就是发"特"音时要低而长，"丽"音高而长，"莎"音低而短。这样听上去就很不错。当有人退出时，不时地会有些小口角。

正当我们渐入佳境时，突然有人——从他的嗓音判断，他一定是个满脸雀斑的人——问道："可是，你确定她在家吗？"

"不确定。"我说。

"那就太糟了，"另一个说，"你是忘了带钥匙，对不对？"

"其实，"我说，"我带着钥匙。"

"那么，"他们问，"你为什么不上去呢？"

"哦，可我不住这儿，"我说，"我住在城市的另一头。"

"那，恕我好奇，"满脸雀斑的人很小心地问，"那到底是谁住在这儿？"

"其实我也不知道。"我说。

人群似乎有些失望。

"那能不能请你解释一下，"一个牙齿前突的人问，"你为什么站在这儿喊'特丽莎'呢？"

"对于我来说，"我说，"我们可以喊其他名字，或换个地方叫喊。这并不重要。"

他们有些恼怒了。

"我希望你没有耍我们。"满脸雀斑的人狐疑地看着我。

"什么？"我恨恨地说，然后转向其他人，希望他们能为我的诚意做证。

那些人什么也没说，表明他们没接受暗示。

接下来有一阵子的尴尬。

"要不，"有人好心地说，"我们一起来最后叫一次特丽莎，然后回家。"

这样我们就又叫了一次。"一二三，特丽莎！"但这次叫得不太好。然后人们就纷纷回家了，一些人往东，一些人往西。

我快要拐到广场的时候，还听到有声音在叫："特——丽——莎！"

一定还有人留在那儿继续叫。有些人很顽固。

我非常喜欢这篇短篇小说，甚至可以说是百读不厌，我觉得伊塔洛·卡尔维诺对某种人性刻画得入木三分，惟妙惟肖。各位，请把你读完后的感想写在下面。

_____
_____
_____
_____

婴儿·老鼠·意识楔

将一条丝带绑在婴儿的腿上，在丝带的另一端拴上一个铃铛。起初，婴儿可能无意识地踢着小腿。不过不久婴儿就知道了，如果他动动自己的腿，铃铛就会响。于是，他很高兴并总是踢着绑着丝带的那条腿，铃铛一直在响。现在剪断丝带，铃铛再也不响了。这能让婴儿停下来吗？不，他还在踢那条腿。铃铛没有响，什么地方出错了？于是他更加卖力地踢腿，还是没有任何声音。他连续做了一系列的快速踢腿动作，仍然没有成功，铃铛没有响。他望着铃铛，甚至是死死盯着它。这种行为告诉我们，他注意到有什么事情发生了：铃铛为什么不响了呢？

20世纪的行为主义心理学家斯金纳曾用老鼠做了一系列实验，他把老鼠关在笼子里，并针对它们不同的行为给予不同的食物奖励，然后检测这些做法的效果。

斯金纳做了如下尝试：

- 老鼠每次按下杠杆，就给它食物作为奖励。
- 老鼠每 X 次按下杠杆，就给它食物作为奖励。
- 在老鼠每隔 N 分钟后第一次按下杠杆时给它食物奖励。
- 在老鼠每第 X（X 是随机的）次按下杠杆时给它奖励。
- 在老鼠每隔 N（N 是随机的）分钟后第一次按下杠杆时给它奖励。

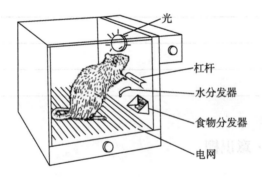

实验结果表明，老鼠对几种不同的奖励周期有十分明确的回应方式。有一些奖励周期引起了老鼠疯狂地一次又一次按下杠杆，以期得到更多食物；有一些则相对温和，老鼠按杠杆的次数相对较少。

如果要让老鼠尽可能多地按杠杆，最好的奖励周期是以变化比率的形式，也就是使用随机变化的参数，在给老鼠加强"多按多得"印象的同时，又让它们摸不清楚到底按多少下才能得到食物。

一些游戏设计师在设计游戏的时候利用了这一理论，如果游戏玩家杀死一个骷髅，有时候会得到魔法宝石，有时候什么也得不到，玩家不知道什么时候会有宝石掉落。玩家不知道什么时候能捡到宝石，却以为杀死的骷髅越多就有越多的机会得到宝石，所以他们就疯狂地杀骷髅。

这个行为跟笼子里的老鼠和踢铃铛的婴儿极其相似，但游戏玩家真的像笼子里的老鼠一样被设计师操纵于股掌之间吗？如果只是这样，游戏设计岂不是非常简单？采访这些游戏的玩家会发现，他们对这个游戏是否"好玩"抱有矛盾的看法，但却承认自己被吸引着不停地玩。

我们经常下意识或无意识地做着一些事情。如果我让你详细描述一下早上是如何去上班的，你会说，起床，摇晃着来到浴室，洗个澡，穿上衣服，吃早餐，离开家，开车去公司。这看起来好像有很多细节，可是如果我问你做其中某件事情的具体行为时，就显得不那么详细了。回想一下穿衣服的步骤，你可能很难记起所有的细节。先抓的是哪里？是衣领，还是袖子？袜子放在第一个还是第二个抽屉中？是先穿左脚，还是右脚？哪只手先碰到衬衫的纽扣？

当我们发现自己在无意识地做某件事情的时候，提醒一下自己：停一停，中断这种无意识的行为，再重新开始做这件事，并仔细而谨慎地观察自己的行为，这种做法极有好处。这种批判性的自我观察是一种能够使我们更深入地理解我们内心世界的方法。

认知心理学家大卫·迪绍夫称此做法为"意识楔"。"楔"指的是一种三角形的小木块，放在地上可抵住门缝，以防门关上。现实中的楔有两个特点：一是便宜易得，谁都能拥有；二是能保持门在开放状态。意识中的楔，也同样有这两个特点——谁都能拥有，并能保持你的思维在开放状态。

暂停，深吸一口气，环顾四周，你能看到更多的选择……

人类大脑的奇妙之处，就在于大脑不但能思考，而且能思考自己正在如何思考，并思考该如何思考才是更好的思考，进而培养自己的思考习惯以促进更好的思考……这种对认知的认知、对思考的思考、对学习的学习、对自我控制的控制，被心理学家称为"元认知"，是人类最了不起的智能——内省。

人类什么时候会内省？就是当楔子插入延绵不断的无意识的思维链条中间的时候。所以我们时时提醒自己：我是不是该停一停？"停"这个字很有意思：一个人倚靠在一座亭子边，就是停。亭子一般修在哪里？一是修在山腰。行程过半的时候，可以停一停，以便回顾来路、积蓄精力、继续前行。二是修在山顶。登临绝顶的时候，可以停一停，以便饱览全景、抒发胸臆、再攀高峰。

对学习而言同样重要的时间

反思时间

脑科学研究表明，脑的神经联结在形成之后需要时间进行巩固和安置。因此，大脑需要"安置时间"。新知识学习越紧张，反思的时间就必须越长，但是这个时间是必需的并且富有价值。它给学习者提供了内化知识的机会，使学习变得个人化、有目的、有意义、有关联，促使大脑彻底理解新的概念并使之成为有意义的识记。其中，学习材料的新颖性和复杂性与学习者需要的加工时间成正比，而学习者的背景知识与学习者需要的加工时间成反比。

停工时间

除必要的反思时间外，一些研究表明，休息仍然是大脑进行重要工作的时机。大脑在短时间内根本无法组织、整理和存储太多的新材料。我们给学习者少量信息、足够的加工时间以及从任务中脱离出来的休息时间，就使得学习者的大脑神经元能够更牢固地联结在一起，从而形成长时记忆。

深度学习需要时间在大脑中组织、整合和存储信息。新信息必须通过所有步骤而后稳定、沉淀在大脑中，之后更多其他信息才能再进入。需要多少时间，取决于所学知识的复杂程度、难度和学习者的背景知识。学习者对材料越熟悉，就越容易理解，所需要的加工和沉淀时间就越短。学习简单材料或精心复述加工的学生在复习一些旧知识时，每 20～25 分钟就需要 1～2 分钟的沉淀时间，而学习复杂、较难、较新的内容也许每 10～15 分钟就需要 2～5 分钟的沉淀时间。

由此可见，停工、沉淀、反思时间是个体深度加工新知识和技能的必要时间，并非消极时间。在这些时间内，培训师可以安排学习者做一些轻松的活动，如伸展肢体、休息、小组活动、同伴分享等。当然，课后的散步、课间休息、午餐、回家、暂停等也都是重要的"停工时间"。

总之，不能让学习者一直集中注意力坐在那里，也不能一成不变地反复训练，这些都不符合大脑的学习原理。大脑的"停工时间"其实并非无意义的浪费，而是促进长时记忆转化的必要时间。在一堂课中，每一二十分钟安排一次脑休息，是提高学习效果的重要原则。沉淀时间内，学习者只需要做一件事情：离开新的学习，让大脑休息。让学习者做些杂事、吃吃点心、听听音乐，或者随意在教室里走动走动，都是恰当的"停工方式"。

等待时间

等待时间是指培训师提出问题，要求第一个学习者做出回答之前的一段沉默时间，或者学习者被叫到之后暂时没有回答出来（或回答错误），培训师给学习者思考的时间。令人遗憾的是，等待时间没有引起培训师的足够重视。

玛丽·罗（Mary Rowe）和其他研究者进行的研究显示，高中教师的平均等待时间才一秒多，小学教师等待的平均时间为三秒钟。对于提取慢的学生，这些时间是不够的。他们中的许多人可能知道正确答案，这些答案储存在长时记忆中，只是需要将之提取到工作记忆中。这时只要教师叫起来第一个同学，其他同学就停止了提取加工，失去了再学习的机会。罗发现，当教师延长等待时间到五秒钟，或更长时间时，就会发生下列情况：

- 学生回答的长度增加，且质量提升。
- 学习慢的同学更多地参与。
- 学生使用更多证据支持推断。
- 学生有更多的高级思维反应。

虽然我没有找到针对成年人学习的这类研究成果，但是我相信：等待时间对成人学习者一样具有重要意义。教师要敢于留出等待时间，不要担心提出问题后的短暂沉默，更不应视这段沉默时间为尴尬时间。

最后，请学员思考几分钟，写下课堂上需要反思的时刻：

_____
_____
_____

最具代表性人物：苏格拉底

苏格拉底（前 469—前 399），古希腊著名的思想家、哲学家、教育家、公民陪审员。苏格拉底和他的学生柏拉图，以及柏拉图的学生亚里士多德并称为"古希腊三贤"，被后人广泛地认为是西方哲学的奠基者。

苏格拉底的一生大部分是在室外度过的，他喜欢在市场、运动场、街头等公众场合与各方面的人谈论各种各样的问题。例如：什么是虔诚？什么是民主？什么是美德？什么是勇气？什么是真理？你的工作是什么？你有什么知识和技能？你是不是政治家？如果是，关于统治，你学会了什么？你是不是教师？在教育无知的人之前你怎样征服自己的无知？

贯穿这些讨论的主题就是引导人们认识：在这些对人至关重要的问题上，其实人是非常无知的，因此人们需要通过批判的研讨去寻求什么是真正的正义和善，达到改造灵魂和拯救城邦的目的。

苏格拉底说："我的母亲是个助产婆，我要追随她的脚步，我是个精神上的助产士，帮助别人产生他们自己的思想。"他还把自己比作一只牛虻，因为雅典好像一匹骏马，但由于肥大懒惰变得迟钝昏睡了，所以很需要有一只牛虻紧紧地叮着它，随时随地责备它、劝说它，使它能从昏睡中惊醒而焕发出精神。

苏格拉底倡导的问答法对后世影响很大，直到今天，问答法仍然是一种重要的教学方法。请看一个他和学生问答的有趣例子。

  欧提德谟斯：苏格拉底，请问什么是善行？

  苏格拉底：盗窃、欺骗、把人当奴隶贩卖，这几种行为是善行还是恶行？

  欧提德谟斯：是恶行。

  苏格拉底：欺骗敌人是恶行吗？把俘虏来的敌人卖作奴隶是恶行吗？

  欧提德谟斯：这是善行。不过，我说的是朋友而不是敌人。

  苏格拉底：照你说，盗窃对朋友是恶行。但是，如果朋友要自杀，你盗窃了他准备用来自杀的工具，这是恶行吗？

  欧提德谟斯：是善行。

  苏格拉底：你说对朋友行骗是恶行，可是，在战争中，军队的统帅为了鼓舞士气，对士兵说，援军就要到了，但实际上并无援军,这种欺骗是恶行吗?

　　欧提德谟斯:这是善行。

　　这种教学方法有其可取之处,它可以启发人的思想,使人主动地去分析、思考问题。苏格拉底用辩证的方法证明真理是具体的,具有相对性,在一定条件下可以向自己的反面转化。这一认识论在欧洲思想史上具有重大的意义。

　　在西方文明史上,能与耶稣之死相提并论的仅有苏格拉底之死。劝人向善的耶稣为了替人类赎罪死于十字架上,得以杀身成仁而名垂青史;同样劝人向善的苏格拉底因"亵渎神明"和"腐化青年"的罪名死于雅典监狱而被历史铭记。然而,与耶稣的杀身成仁、死而无憾相比,苏格拉底的死更具悲剧色彩,他死于不理解自己的雅典同胞之手,被认为是罪有应得、死有余辜,这不能不说是一大遗憾,更是一大悲剧。对于这样的大悲剧,后人理当一探究竟。

　　临刑前,学生、朋友们为他安排好了越狱逃离雅典的道路,被其断然拒绝。他认为,自己无怨地等待服刑是作为城邦公民应有的、必然的道德选择,符合自己的道德理想。他提醒学生克里托,作为有道德理想的人,不应该只是追求活着,而应该活得好,那就是省察人生,追求"善生"。他说:"如果人非要在实行不正义与接受不正义两者之中做出一种选择的话,我宁可选择接受不正义而绝不实行不正义。"(《高尔吉亚篇》)他就是从这种道德理想出发从容就死,以对生的无悔放弃履行作为雅典公民的道德责任,实现自己的"善生"理想。

在课堂上制造内省的若干种方式

测测你的注意力

　　在课堂上我曾经让学员做下面的练习,5元人民币的背面是哪个风

景？（　　）

　　A. 三峡　　　B. 西湖　　　C. 泰山　　　D. 桂林山水

大约只有 20% 的学员能正确地回答这个简单的问题。为什么只有这么少的人能回答正确？钞票不是大家每天都在用、每个人都离不开的吗？

我当然不是因为无聊才在课堂上让学员做这个练习。这个练习背后的目的是想说明人的注意力的三个特点：注意力是有限的，注意力是有选择性的，注意力讨厌混乱。所以，一个好的老师在课堂上要做的第一件事就是管理学员的注意力，特别是在窗外有台挖掘机或身边有个捣蛋学员的课堂氛围里。

你不能直接告诉学员注意力有三个特点，然后举例来证明它。最好的方法是让学员直接亲身体验到注意力的特点，然后让他们反思：为什么会这样？

学员不会反驳自己的观点。

所以，老师要创造学员内省然后自己得出结论的机会，这样他们才能真正理解你想要告诉给他们的理论。

大师椅

让学员两两一组，其中一人坐在一把椅子上。告诉学员这是一把神奇的大师椅，坐在上面的人就是大师级人物（亲爱的读者朋友这个时候也可以想象自己就坐在这样一把椅子上，并拿起笔，在下面的空白处填写内容），坐着的学员闭上眼睛，另一名学员按下面的问题逐条提问。

1）现在他的状态很好，他_____

2）他的样子让我想起了_____

3）当他行动时，_____

4）他的注意力_____

5）他的面部表情_____

6）他的声音就像_____

7）他不惧怕_____

8）他不因为_____而感到害羞。

9）无论什么时候，他都准备好_____

10）他的时间安排是_____

11）他有一种_____的品质。

12）他知道_____

13）当他呼吸时，_____

14）他有一种_____的魅力。

15）他就像一个_____的人。

16）你可以说他是一个_____的人。

17）他天生就_____

18）他有_____的习惯。

19）他知道自己状态很棒，因为_____

下面是我做这个练习的答案。每个人都可以有自己的答案，没有所谓的标准答案。

1）现在他的状态很好，他<u>正在很从容地喝茶</u>。

2）他的样子让我想起了<u>茶道大师</u>。

3）当他行动时，<u>动作简洁流畅，有一股自然的韵味</u>。

4）他的注意力集中在<u>沸腾的水中</u>。

5）他的面部表情<u>平静从容</u>。

6）他的声音就像禅师的<u>声音一样不紧不慢</u>。

7）他不惧怕<u>任何外来的影响</u>。

8）他不因为<u>无知</u>而感到害羞。

9）无论什么时候，他都准备好<u>体验生活</u>。

10）他的时间安排是<u>充实的</u>。

11）他有一种<u>朴实无华、返璞归真</u>的品质。

12）他知道<u>自己想要的是什么</u>。

13）当他呼吸时，<u>平静深沉</u>。

14）他有一种<u>世界尽在掌握</u>中的魅力。

15）他就像一个<u>充满智慧</u>的人。

16）你可以说他是一个<u>睿智</u>的人。

17）他天生就<u>懂得生活</u>。

18）他有<u>自我修炼</u>的习惯。

19）他知道自己状态很棒，因为<u>他喝一杯茶都可以喝得如此从容</u>。

你可以自己添加这样的句型。这个练习是我从珍·雅芬老师的一堂教练课程中学到的，当时体会特别深。

大师椅这个工具的原理是基于我们中可能有许多人盼望过一种僧人般简朴的生活。因为人生实在太复杂，有太多事情需要去平衡。我们总觉得一旦有了充裕的时间和广泛的空间，自己的生存状态一定能更好些，一旦能够了断尘缘，就能达到大师的境界。

实际上自我修炼对每个人都是现实的。只有遵从本我，遵从世界的规律，探询更高层次的人生目标并汲取能量和智慧的源泉，放下浮躁焦虑的心，我们渴望的答案才会自见分晓。无须刻意追求，代之以开放、当下的心态去面对世界，定能发现心灵的安逸、信任与平和。这就是内省的智慧。

给自己的一封信

给大家10分钟的时间，静静地思考，然后给未来（比如10年后）的自己写一封信。下面是苹果前CEO乔布斯写的一封信，充满了眷恋不舍，也充满了对苹果公司未来的信心。

致苹果董事会及苹果社区：

我一直都说，如果有一天我不再能履行苹果 CEO 的职责，满足你们的期望，我会首先告诉你们。不幸的是，这一天来临了。我特此宣布，辞去苹果 CEO 的职位，如果董事会同意，我将担任苹果董事长，或者董事，甚至普通职员都可以。

至于继任者，我强烈建议执行已制订的接任计划，提名蒂姆·库克担任 CEO。

我相信，苹果的未来会更加光明，更具创造力。我期待在新的岗位上为未来苹果的成功尽自己的绵薄之力。我在苹果结交了一些人生中最好的朋友，感谢多年来与我共事的所有人。

——史蒂夫·乔布斯

请你也花 10 分钟在下面的空白处给自己写一封信。

写给 10 年后的自己：

曼陀罗绘画

心理学对曼陀罗的研究以瑞士精神分析大师卡尔·荣格为首创。荣格在生活中最没有方向的时候，开始绘制曼陀罗。他每天把自己的思想、情绪以几何图案的方式绘制在一个圆形内。这一绘画形式，成为他自我疗愈以及对集体潜意识心灵的深度探索的重要方式。在荣格分析心理学中,曼陀罗是"自性"的象征,自性的特点就是统一、完整、自足、和谐。

通过绘制曼陀罗,潜意识深处的心灵碎片可以源源不断地流露出来,形成一股能量,融化在圆形之中,流动着、变化着、整合着。长期的练习,对于疗愈人心灵的创伤、松动人僵化固着的习气、完善人的性格类型、唤醒内在的智慧、开发人的潜能等具有神奇的效果!

培训师在课堂上让学员安静地完成一张曼陀罗绘画后,还要做三件事情:

1)让学员给画作起个名字。

2)让学员写下在绘画时的心理状态,可以跟别人分享,也可以不分享。

3)让学员审视画作,并思考如果这幅画作会说话,它会说什么。

亲爱的读者也可以拿起彩色铅笔,选择上面任意一幅图案,在一个安静的环境下,慢慢地填涂完成一幅绘画,不需要考虑美观、配色和构图，自己想用什么颜色就用什么颜色，完成之后，尝试上述三个步骤。

第十一章

自然观察智能的开发与应用

1995年,霍华德·加德纳在他最初的七种智能清单中又增加了第八种:自然观察智能。他把自然观察者的核心技能描述为"能够识别植物群和动物群,能够对自然界的各种物种分门别类,并且能够使用自然观察智能(在打猎、农业、生物科学等领域)生产出有效产品"。此外,自然观察者通常擅长确认属于某一个群组的成员或物种种类,擅长区分这些成员或物种之间的差异、发现存在的其他物种,以及认知不同物种之间的相互关系。

当我们在辨认人、动物、植物以及环境中的其他特征时，我们都要使用自然观察智能。我们通过与周围物质环境之间的相互作用，形成了因果观念，并因此认识到相互作用于行为之间可预测的模式，如季节性气候与相应的动植物变化之间的模式。我们利用自然观察者的感知能力，可以比较材料，对事物的特征进行归类，提炼事物的内涵，提出并验证假设。

加德纳论证说，自然观察智能是从早期人类的生存竞争中演化而来的，早期的人类要想生存，就必须能够辨别有用或有害的物种，能够改变气候环境，并且能够获取食物。然而，进入21世纪时，我们很多人所赖以生存的环境已经大大不同于一千年前甚至一百年前的环境。现在，很少有人能够轻易地进入生存有各种动物与丰富植物的未曾开发过的广袤土地。由于很少有机会接触大自然，孩子们与年轻人只能在室内或柏油路上消磨掉他们的大部分时间。

自然观察智能在科学调查的许多领域表现明显，为生物学、植物学、动物学或昆虫学等成体系的科学所专用。这些科学探寻生物的起源、生长及构造，也建构详细的动植物分类系统。

自然观察智能比较发达的人，在户外或生活在自然的环境中，通常会感到很有活力。但是，自然观察智能并不仅仅指户外。自然观察智能在任何有植物和动物的环境中都会被用到，如在动物园、水族馆、花园里对动植物的观察和推断。这种智能本质上是一种依赖于观察力逻辑的分类的智能。

在目前的文明社会中，自然观察智能中的一些技巧几乎成了一种奢侈，以待追忆。技术的进步可以满足我们大部分的生理需要。和其他一些智能相比，自然观察智能在今天比过去更缺乏"价值"。即使没有自然观察智能，我们也可以生活得很好。

但是所有现在已定义的智能中，对任何一个人来说，在一定程度上，自然观察智能不是无意义的。加德纳说，作为一种结果，自然观察智能中的天赋有时可以在非自然的条件下展露出来。一百年前，儿童把它们的自然观察智能———一种分类的能力——集中于探索昆虫、鱼类、动物、岩石以及树叶上；现今，同样的自然观察智能则被孩子们用于收集门票，分辨流行的网球鞋或者是对新车型进行分类。

我们生来就是自然观察者，急切地盼望能通过自己的各种感官来探索世界。由于人类身心所固有的天赋，我们可以运用我们的感知能力积极观察，并对我们所感知的内容进行反思与质疑，以此来体验我们周围的生存环境。

最具代表性人物：达尔文

> 有限的资源将所有的生命都逼上生存竞争的战场，只有受到自然偏爱的物种能够存活下来，在自然选择的法则下开始物种起源。
>
> ——查尔斯·达尔文

1825年，16岁的达尔文便被父亲送到爱丁堡大学学医。因为达尔文无意学医，所以他经常到野外采集动植物标本并对自然历史产生了浓厚的兴趣。父亲认为他"游手好闲""不务正业"，一怒之下，在1828年送他到剑桥大学，改学神学，希望他将来成为一个"尊贵的牧师"。这样，他可以继续他对博物学的爱好而又不至于使家族蒙羞，但是达尔文对自然历史的兴趣变得更加浓厚，完全放弃了对神学的学习。看来科学家不喜欢的不是学习，而是自己不感兴趣的东西。

1831年，从剑桥大学毕业的22岁的达尔文作为一名自然观察者搭乘英国皇家海军舰艇贝格尔号（Beagle，有种犬就叫贝格犬，所以有的书上把这艘改变人类认知的舰艇叫小猎犬号）前往南美洲，结果这一去就是五年，绕了地球一圈。在里约热内卢郊外的一个森林中，达尔文仅用一天的时间，就在一个小小的区域内收集了68种不相同的小甲壳虫。仅仅一类生物就有如此丰富的种类，令他感到震惊——他对丰富多样的物种形式深感困惑。

对于婚姻大事，达尔文也表现出了一个博物学家应有的谨慎。他拿了一张纸，中间画条线，线的一边写结婚的好处，另一边写单身的好处。达尔文感叹不结婚太孤单，然后连写三个"结婚"——证明完毕，必须结婚。

达尔文是个性格温和的人，喜欢和女人闲聊。他找上了从小认识的表姐爱玛·韦奇伍德。爱玛比达尔文大一岁，她的父亲是达尔文母亲的弟弟。爱玛一口答应达尔文的求婚。这个爱听女人唠叨的男人，似乎应该是理想丈夫。虽然爱玛担心死后会和丈夫永远分手，她将上天堂，不拜上帝的丈夫则不知去何方，但她只是要求达尔文对信仰保持开放心态。两个半月后，达尔文环球旅游回来后的第三年——1839年1月，30岁的达尔文和表姐结婚了。

30岁之前，达尔文做了三件重大的事情：在剑桥求学、环球旅游、与表姐结婚。

达尔文创作的《物种起源》一书，是论述生物进化的重要著作。《物种起源》自1859年在英国伦敦出版以来，受到众多市民的热烈欢迎，被争相购买。这本书的第一版1250册在出版之日就全部售罄。它以全新的进化思想推翻了神创论和物种不变论，把生物学建立在科学的基础上，提出震惊世界的论断：生命只有一个祖先，生物是从简单到复杂，从低级到高级逐渐发展而来的。它出版传播后，生物普遍进化的思想以及"物竞天择，适者生存"的进化论已为学术界、思想界公认为19世纪自然科学的三大发现之一（其他两个是细胞学说、能量守恒转化定律）。20世纪40年代初，英国人霍尔丹和美籍苏联生物学家杜布赞斯在达尔文思想的影响下，创立了"现代进化论"。可以说，《物种起源》一书在人类思想发展史上是最伟大、最辉煌的划时代的里程碑，对人类历史有着极大的影响。

爱玛未必同意《物种起源》中自然选择的观点（而不是上帝创造），

或许她都未必感兴趣。但也正因为如此,爱玛可以代表当时的未受过科学教育的信教大众,对《物种起源》手稿做出第一反应。爱玛仔细阅读了手稿,改正拼写,改正标点,并建议达尔文将一些容易刺激信徒和教会的段落写得语气温和一些,论据更清楚一些。如果当初不结婚的那一栏里理由再多一些,如果达尔文保持单身,继续生活在伦敦的知识分子中间,如果不是和爱玛结婚,他很可能会写出一本措辞较为激烈的书。由于爱玛的参与,书中观点的争论多多少少能摆脱观点和情感的羁绊,而集中于事实和逻辑。

1882年4月19日,达尔文在达温宅逝世,享年73岁,人们把他的遗体安葬在威斯敏斯特大教堂——牛顿墓的旁边,以表达对这位科学家的敬仰。

一个王朝的谢幕

历史往往会重复这样一幕:每个王朝走向灭亡的时候,都会安排一个特别昏庸的人来做王朝的统治者,即使距离今天3000多年前的商朝也不例外。关于商王朝的谢幕有以下三种观点。

政治家的观点

公元前11世纪,商汤所建立的商王朝,历经初兴、中衰、复振、全盛、积弱等阶段后,到了商纣王帝辛即位时,已经是危机四伏,日暮西山。史料记载,商纣王"资辨捷疾,闻见甚敏,材力过人,手格猛兽,知(智)足以距(拒)谏,言足以饰非"(《史记·殷本纪》),可见商纣王是个文武双全的领导。即位后的纣王,在祖先赫赫功业的荫庇下,在名臣贤相的劝谏下,也曾励精图治,以期增光先王、振兴国邦。所以,他即位之初,政治清明、四海宾服。

之后,纣王不断对东夷用兵,战俘的数量大幅度增加,大大促进了商王朝农业、牧业、和手工业的发展，提高了奴隶主贵族的生活水平。商王朝的这种"中兴气象"，滋长了纣王对自身价值的不当认识，他在人臣面前开始骄横起来，变得刚愎自用、巧言饰非，听不进谏言，以为天下没有人高过自己，自认为是"受命于天"。纣王不但不听贤臣的劝告，反而越发地骄奢淫逸：雕花的筷子换成象牙的，杯子换成玉的，穿衣要锦衣九重，住房要广厦高台，而且梁要雕、栋要画、窗要镂、墙要文。纣王又要诸侯进献美女，宠信妲己，常与之逐狗斗鸡、饮酒作乐。

纣王荒淫无道，亲小人、远贤臣，导致国内政治一片昏暗，人民怨声载道。与此同时，渭水流域的诸侯国周，在周文王（姬昌）的领导下，开始兴盛起来。周文王逝世后，其子姬发继位，史称周武王。他继续以吕尚为师，以姬旦（史称周公，周公解梦的那个周公，武王的亲弟弟）为辅，以召公、毕公等人为主要助手，继续文王的事业，积极地为灭商做准备。周武王继位后四年，商朝重臣比干被杀、箕子被囚、微子出奔，商军主力远征东夷，帝都朝歌空虚，纣王在政治上彻底陷入了孤立境地，灭商时机已然到来。

公元前1046年（一说公元前1027年或公元前1057年），武王姬发趁纣王派大军远征东夷之际，东进伐商，在牧野大败商军。《尚书·牧誓》记载："时甲子昧爽，王朝至于商郊牧野。"纣王见大势已去，于当天晚上仓皇逃回朝歌，登上鹿台，自焚而死。

军事家的观点

商军坐拥优势兵力而迅速崩溃，根本原因当然在于商军士气低落、商朝已失去民心，周朝才是众望所归。但还有另一个重要的直接原因就是，商军大都是临时拉来的奴隶和战俘，没有受过相应的军事训练，即使凑在一起也没有什么战斗力。而且，周联军在武器上有重大优势，他们有300多乘当时最先进的重型武器——战车，而商军没有任何使用战车的记载，估计多半战车都在东南战场上难以及时调回。牧野地势平坦，在当时流行步兵配合战车的作战方式下，这里正好适合使用战车。

由夏经商至西周灭亡的 1400 年，是中国古代战争技术发展的时期。商中期后，军队已装备青铜兵器，战车增多，发展为车、步两兵种，分别编组、协同作战，并出现了密集方阵战术，以发挥整体功能。通常，步兵列阵于前，战车列阵于后，组成广大正面之方阵。指挥官以金、鼓、旗等指挥士兵作战，强调队形严整。这种战法在平原上才能发挥出最大效果。牧野地处朝歌以南，平旷开阔，极利于战车的运用和车、步两兵种的配合。周师"昧爽"（即清晨）抵达，随即"陈师牧野"，以此看来，牧野是武王一方事先选择好的最佳战场。

在这样有利的地形、装备等条件下，周朝具有很大的优势。《尚书·武成》记载："罔有敌于我师，前徒倒戈，攻于后以北血流漂杵。"描绘了在平坦的平原上，战车猛烈突击时所造成的惨烈伤亡之景象。牧野之战，双方都投入了大量兵力，周军以弱势兵力，运用正确的战术一战制胜，商军溃败。纣王见大势已去，归登鹿台自焚而死，于是战争迅速结束。

考古家的观点

河森堡先生在《进击的智人》里写道，商朝定都殷之后，曾经有一段时期，气候非常湿润、温暖。竺可桢先生认为，殷墟时期的年平均气温要比现在高 2℃左右，与今天长江流域的气温相仿。彼时的中原大地还是一片亚热带雨林，今天在河南已经绝迹的犀牛和大象，当年却在殷商王朝的疆域内四处驰骋。在殷墟曾经出土了一副小象的骸骨，脖颈处还挂着一个铜铃，说明那是一只被人类驯养的小象，足见当时的商朝人和大象相处密切。此外，在甲骨文中，"大有作为"的"为"字，看起来就像是一只手在牵着一头大象，这也是个很有趣的现象。

在潮湿、温暖的环境中，农作物往往会有更好的收成，更多的粮食储备意味着更多的人口、更多的劳动力和更大规模的军队。在殷商中后期的历史中，殷商王朝迅猛扩张，骏马拉着两轮战车四处驰骋，一批又一批俘虏被抓回首都斩首祭神。

然而，到公元前11世纪左右，中国再一次迎来气候的转冷，与寒冷相伴的干燥也随之而来。南开大学历史学院教授朱彦民表示，从甲骨文的记载来看，商朝后期一些卜辞中，"烄"字出现的频率明显多了起来。"烄"字在甲骨文里看起来就好像一个人被置于火上炙烤，其含义为焚人，是活人祭祀的一种，主要目的在于求雨。而商朝后期越来越多的焚人记录意味着当时气候已经整体转向干旱，焦虑的商朝人不断地将人烧死以祈求降雨，可以想象，寒冷和干旱给古代农业生产带来的威胁有多大。粮食减产会造成食物的匮乏，食物匮乏会使得整个王朝人心涣散，军队后勤系统崩溃。同时，被饥饿逼入绝境的各地方国和诸侯也会铤而走险，试图挑战中央王朝的权威。在古代社会，饥饿和造反常常相伴相随，殷商军队在王朝四处镇压，然而，他们数百年来一直崇拜的鬼神终究要抛弃他们了。

就在商朝忙于应对各方战事之际，居住在陕西周原一带的周朝认为时机已到，在周武王姬发的带领下，早已对殷商心怀不满的各路诸侯聚集起来，在牧野讨伐商军。由于主力部队尚在东南激战，无法及时回援，商朝末代君主纣王不得不将奴隶仓促地武装起来投入战场，以应对士气高昂且同样装备了先进战车的周朝联军。然而，商纣王忘记自己是如何对待那些奴隶的了，他忘了那些奴隶被斩首和肢解之前绝望的哭喊，忘了商朝人怎样虔诚地将奴隶们的血肉献祭给鬼神。周朝联军大兵压境之际，虚无缥缈的鬼神没有出来保佑残暴的殷商和同样残暴的纣王，那些被鬼神吃肉喝血的万千生灵又怎么会为殷商而战？

奴隶们临阵倒戈，商王朝灰飞烟灭。绝望之下的纣王站在高台之上，望着无尽的河山，自焚于鹿台，就好像无数为了求雨而被"烄"的人牲一样。在某种程度上，商王帝辛成了这个王朝灭亡之前最后一个被献祭给神明的人。

有学者表示，周朝之后的一些历史文献，比如汉代的《史记》，对牧野之战的记载非常可疑。司马迁写道，牧野之战中，是周朝的4万联军击溃了殷商的70万奴隶军，并最终倾覆了整个商王朝，双方参战总人数足足有74万。一些研究商周文化的考古工作者表示，这个数字太离谱。20世纪中叶解放战争中的淮海战役，全国总人口已达4亿，国民政府也没能动员74万人参战，何况是3000多年前的河南省郊区？由于这个数字太过夸张，以至于有学者表示，很可能历史上根本没有牧野之战，这很可能是后来周朝政府的政治宣传，为其政权增加合法性。

然而，1976年，青铜利簋出土了，其内壁的铭文用无可争议的事实证明了牧野之战确实发生过（铭文中没有记载具体参战人数）。青铜器上铭文的第一段话是"武王征商，唯甲子朝，岁鼎"，"岁"指木星，因为木星公转一周大约是12年，因此被称为岁星；"鼎"的意思是"正当中天"，"朝"指清晨，这段话翻译成白话文就是"武王征讨商朝的那个甲子日的清晨，木星运行到了天空中最高的位置"。这是一个非常重要的线索，因为天体的运行自有其规律，用数学模型不断地回溯，就可以知道"岁鼎"这一天文现象出现的具体时间。最终结合其他文献线索，考古学家们将牧野之战的时间指向公元前1046年的一天早晨。这正好与《尚书·牧誓》里的记载"时甲子昧爽，王朝至于商郊牧野"（"昧爽"就是清晨的意思）不谋而合。

历史的真相在漫漫时间长河里若隐若现，真相到底如何？读者可以根据以上线索做出自己的判断。但其中考古学家给出的观点和证据，可谓打开了一扇不一样的视窗：王朝的变迁不过是大自然轮回律动间不经意的产物？到底是人定胜天，还是要敬畏自然？我们应该发展怎样的自然观察智能以利于与大自然和平相处？这些都是每个现代人应深思的问题。

在课堂上运用自然观察智能的若干种方式

自然观察智能是指善于观察自然界中的各种事物，对物体进行辨别和分类的能力。擅长这项智能的人有着强烈的好奇心和求知欲，有着敏锐的观察能力，能了解各种事物的细微差别，适合的职业是天文学家、生物学家、地质学家、考古学家、环境设计师等。课程主题是：那些来自自然科学的概念能够支持和丰富其他学科的研究。例如，当我们考虑一种独立的自然现象，如季节现象时，需要考虑很多跨学科的联系。在社会研究中，学生可以思考季节性失业，季节与乡村和城市交通状况的关系，季节与消遣性娱乐活动的关系，季节与宗教节日和假期的关系，以及季节与政治事件的关系等问题。同样，健康课可以研究季节性的生理状况、情绪状况、睡眠状况，或蔬菜、水果的季节问题等。自然科学主题是一些可能的自然观察主题，例如相互依赖、变化、适应、平衡、资源、多样性、竞争、合作、相互关系、循环、形态、种群等。

蒙眼行走

首先要确定一个安全有序的、大约五分钟的蒙眼行走的场地。最理想的路线是在空旷的操场上，大堂的门厅或教室内的通道也可以。把每两个学员分为一组，给每组一条蒙眼绷带，选派一名学员为引路者，另一名被蒙上眼睛者为随行者。交换上述两种角色以使每名学员都有机会体验两种不同的角色。

培训师让学员在指定地点集合后，为每组中的一名学员蒙上眼睛。由引路者慢慢地、小心翼翼地引导蒙眼者沿着人行道行走，并指导蒙眼者使用触觉、嗅觉、听觉去探索环境。回到起点后，蒙眼者摘掉绷带，角色互换。两名学员都完成了引路者和蒙眼者的角色之后，组织学员开始讨论非视觉观察的结果。下面是一些问题范例：

1）你对这项活动的反应是什么？
2）你主要依靠哪种感官去收集资料？
3）你注意到了哪些依赖视觉观察可能忽视的东西？
4）你遇到了多少不同种类的物体？
5）你能形容物体的特征吗？

为了进一步扩展该活动，学员可以写出对引路和蒙眼随行的反应，引路者的特征和由这种经历所激发的感想。培训师提供路线图，学员也可画出他们遇到的物体，并确定沿途所需的步数或测量单元数。

文明的线索

培训师布置一项课后作业，题目可以是某个很有特征的文明现象，比如福建围楼，让学生们以小组为单位查阅资料，包括历史的、社会的、自然的等，找出这个文明产生和延续的原因。

关系隐喻

我们分辨相互关系的能力基于三个基本的认知过程：
1）区别异同。
2）根据不同标准对物体分类。
3）察觉相互关系。

许多自然观察者非常擅长这些思维过程，这些人都是着迷于事物间相互联系的系统思维者。同时，这些自然观察者愿意详细地思考那些他们想了解的生物的名字、特征，以及这些生物在更大生命网中所处的位置。我们在以下环节可以利用这种关系。

有趣的自我介绍。在自我介绍时要说一个动物，或植物，或自然现象，这个自然界的物体有什么特征，跟你有什么关系，然后在自我介绍中融入相关内容。比如，我喜欢骆驼，它吃苦耐劳、忍辱负重，在恶劣的沙漠环境也能生存下来；我觉得我很像一头骆驼，环境再恶劣、任务再繁重，我也能坚持到底，诸如此类。

对某个概念的理解。比如"教练的状态"，我觉得"教练的状态"就像一棵竹子，它根植于大地，哪怕狂风暴雨也吹不倒它；它富有弹性，当风吹过来的时候，它顺应着风的方向；当雨刮过来的时候，它顺应着雨的方向。"教练的状态"就是这样，既有自己的立场，又随时顺应客户的方向。

观点表达。比如"人生"，你很难说清楚"人生"的定义是什么，或者说了也是干巴巴的，但如果运用"关系隐喻"就不一样了。你可以说"人生"就像一条河，有波光粼粼的美丽风景，也有急流险滩的狰狞面目；有潺潺流动的细腻婉约，也有一泻千里的波澜壮阔；有的地方平铺直叙，有的地方跌宕起伏；有的一路欢歌到大海，有的流着流着就干涸了。你想成为什么样的河流？你会选择什么样的人生？

大家也可以思考，还有哪些环节可以运用这种关系隐喻。

_____

_____

_____

_____

参考文献

[1] MEDINA J. 让大脑自由 [M]. 杨光，冯立岩，译. 北京：中国人民大学出版社，2009.

[2] 赵思家. 大脑使用指南 [M]. 长沙：湖南科学技术出版社，2016.

[3] 中国科学院神经科学研究所. 大脑的奥秘 [M]. 上海：上海科学技术出版社，2017.

[4] 道伊奇. 重塑大脑，重塑人生 [M]. 洪兰，译. 北京：机械工业出版社，2015.

[5] 申先军. 领导者的大脑：神经科学与领导力提升 [M]. 北京：人民邮电出版社，2019.

[6] 雅顿. 大脑圣经 [M]. 杨颖玥，张尧然，译. 北京：中国青年出版社，2015.

[7] 斯莱特. 20世纪最伟大的心理学实验 [M]. 郑雅方，译. 北京：中国人民大学出版社，2007.

[8] 加德纳. 智能的结构 [M]. 沈致隆，译. 杭州：浙江人民出版社，2013.

[9] 坎贝尔. 多元智能教与学的策略 [M]. 霍力岩，莎莉，译. 北京：中国轻工业出版社，2015.

[10] 李金钊. 基于脑的课堂教学 [M]. 上海：华东师范大学出版社，2013.

[11] 艾利克森，普尔. 刻意练习 [M]. 王正林，译. 北京：机械工业出版社，2016.

[12] 老水. 爱因斯坦传 [M]. 北京：同心出版社，2011.

[13] 丰子恺. 梵高生活 [M]. 北京：新星出版社，2013.

[14] 朱永嘉. 刘邦与项羽 [M]. 北京：中国长安出版社，2013.

[15] 河森堡. 进击的智人 [M]. 北京：中信出版社，2019.

关于铭师坊

铭师坊，只做 TTT
铭师坊，内训师团队培养专家
铭师坊，TTT 研究院研发 15 门 TTT 方面的版权课程
铭师坊，成立
铭师坊，发布行业内培训师能力素质模型 CTCM 测评
铭师坊，为中国超 1000 家大中型企业提供培训服务
铭师坊，每年提供超过 2000 天的 TTT 定制课程
铭师坊，每年举办两次全国 TTT 技术创新大会
铭师坊，《培训》杂志战略合作伙伴
铭师坊，荣获行业优秀培训服务机构奖
铭师坊，荣获行业优秀品牌课程奖
铭师坊，荣获行业卓越品牌组织奖
铭师坊，荣获"我是好讲师"大赛全国重点赛区奖
铭师坊，荣获"我是好讲师"大赛卓越组织服务奖

我们将为您提供企业内训师建设和培养的整体解决方案，包括：

内训师初、中、高阶培训课程及项目
企业精品课程开发项目
企业经验萃取项目
内训师能力素质 CTCM 测评
以赛促培的内训师大赛策划与辅导项目
以赛促培的微课大赛策划与辅导项目
以赛促培的案例大赛组织与辅导项目
以赛促培的经验萃取大赛策划与辅导项目

更多课程信息,请关注"铭师坊"公众号

通信地址: 广州市天河区黄埔大道西 638 号富力科讯大厦 1605 室

通信电话: 020-38240819

扫描铭师坊二维码,了解最新课程信息!

最新版
"日本经营之圣"稻盛和夫经营学系列
任正非、张瑞敏、孙正义、俞敏洪、陈春花、杨国安　联袂推荐

序号	书号	书名	作者
1	9787111635574	干法	【日】稻盛和夫
2	9787111590095	干法（口袋版）	【日】稻盛和夫
3	9787111599531	干法（图解版）	【日】稻盛和夫
4	9787111498247	干法（精装）	【日】稻盛和夫
5	9787111470250	领导者的资质	【日】稻盛和夫
6	9787111634386	领导者的资质（口袋版）	【日】稻盛和夫
7	9787111502197	阿米巴经营（实战篇）	【日】森田直行
8	9787111489146	调动员工积极性的七个关键	【日】稻盛和夫
9	9787111546382	敬天爱人：从零开始的挑战	【日】稻盛和夫
10	9787111542964	匠人匠心：愚直的坚持	【日】稻盛和夫 山中伸弥
11	9787111572121	稻盛和夫谈经营：创造高收益与商业拓展	【日】稻盛和夫
12	9787111572138	稻盛和夫谈经营：人才培养与企业传承	【日】稻盛和夫
13	9787111590934	稻盛和夫经营学	【日】稻盛和夫
14	9787111631576	稻盛和夫经营学（口袋版）	【日】稻盛和夫
15	9787111596363	稻盛和夫哲学精要	【日】稻盛和夫
16	9787111593034	稻盛哲学为什么激励人：擅用脑科学，带出好团队	【日】岩崎一郎
17	9787111510215	拯救人类的哲学	【日】稻盛和夫 梅原猛
18	9787111642619	六项精进实践	【日】村田忠嗣
19	9787111616856	经营十二条实践	【日】村田忠嗣
20	9787111679622	会计七原则实践	【日】村田忠嗣
21	9787111666547	信任员工：用爱经营，构筑信赖的伙伴关系	【日】宫田博文
22	9787111639992	与万物共生：低碳社会的发展观	【日】稻盛和夫
23	9787111660767	与自然和谐：低碳社会的环境观	【日】稻盛和夫
24	9787111705710	稻盛和夫如是说	【日】稻盛和夫
25	9787111718208	哲学之刀：稻盛和夫笔下的"新日本 新经营"	【日】稻盛和夫